编目的未来

编目精灵　著

國家圖書館出版社

图书在版编目(CIP)数据

编目的未来/编目精灵著. —北京:国家图书馆
出版社,2010.5
　　ISBN 978－7－5013－4343－0

　　Ⅰ.①编…　Ⅱ.①编…　Ⅲ.①图书编目
Ⅳ.①G254.3

　　中国版本图书馆 CIP 数据核字(2010)第 049637 号

书名　编目的未来
著者　编目精灵
出版　国家图书馆出版社(原北京图书馆出版社)
　　　(100034 北京市西城区文津街 7 号)
发行　010－66139745　66151313　66175620　66126153
　　　　　66174391(传真)　　　66126156(门市部)
E-mail　btsfxb@ nlc. gov. cn(邮购)
Website　www. nlcpress. com→投稿中心
经销　新华书店
印刷　北京联兴盛业印刷股份有限公司
开本　710×1000(毫米)　1/16
印张　13.25
版次　2010 年 5 月第 1 版　2010 年 5 月第 1 次印刷
字数　200 千字
书号　ISBN 978－7－5013－4343－0
定价　38.00 元

目　录

编目的未来
(代前言)

　　早在 1904 年,克特(Charles A. Cutter)就认为编目的黄金时代已经过去了,[1]因为美国国会图书馆于世纪初开始发行印刷目录卡片,使很多编目员发挥才能的机会大为降低。到 20 世纪 30 年代末、40 年代初,美国国会图书馆待编文献大量积压,编目效率下降问题凸现,而为合作编目所制定的标准化编目规则造成的编目条款激增,则是导致这一问题的重要原因。由此 1940 年国会图书馆的图书馆员委员会(Librarian's Committee)首次提出了编目危机问题,[2]次年澳大利亚人 Andrew D. Osborn 在《图书馆季刊》又发表著名的"编目危机"(The Crisis in Cataloging)一文,[3]引发其后编目界对修订编目条例的不同观点。

　　互联网时代图书馆面临着更多的问题。对编目所面临的"危机"或编目未来的思考,主要不是对于编目条例的不同学术观点,而更多地显示出对编目工作的内容与前景的方向性认识。就目前来说,对于基于 MARC 格式的编目工作的未来,有着两种截然不同的看法。一方以为编日工作可以从容应对,像以往处理其他载体文献一样处理网络资源;另一方则以为编目工作需要作根本性的改变,甚至是放弃传统的编目方式。其中反映的是图书馆管理者与图书馆专业人员的分歧,也反映出对经济层面与用户利用方式的考虑。然而,不论对编目的未来有着如何不同的看法,编目工作中已经发生的一些变化或者一些发展趋势,则已经相当明朗。

1　新千年书目控制会议:编目的又一个黄金时代?

　　随着网络资源的兴起,图书馆开始探索对互联网资源的编目。对编目界来说,互联网资源是与之前其他载体文献类似的一种新型信息源,可以用与以往一脉相承的方法对之进行书目控制。为实现此目标,1991 年美国国会图书馆"提出以 USMARC 格式为主要架构制订能囊括网络信息资源在内的相关字段",并在随后几年对 USMARC 格式进行局部修改;与此同时,OCLC"也测试了

MARC/AACR2 对网络信息资源编目的适用性",并在"之后开展了一系列建库工作,其中包括 InterCat、NetFirst 和 CORC"。[4]编目界对此问题的关注与日俱增,1997 年网络编目专业期刊《因特网编目杂志》(Journal of Internet Cataloging)创刊。

对互联网资源编目的研究在 2000 年达到高潮。当年正值美国国会图书馆馆庆二百年,该馆的编目理事会主办了有 100 余位编目专家参会的"新千年书目控制会议",会议主题为"应对网络资源与互联网的挑战"。[5]会议的主要成果是形成一个行动计划"互联网资源书目控制",[6]希望像以前对书刊以及其他非书资料进行编目一样,对互联网资源进行书目控制,改善对日益增长的电子资源的访问。

行动计划包括 6 个方面:1. 增加对经选择的互联网资源的标准记录的可获得性;2. 强化通过多个系统对经选择的互联网资源记录的访问与显示;3. 与元数据标准团体协作,以改善对经选择的互联网资源的书目控制;4. 开发自动工具,抽取、创建、收割与维护元数据,以改善对经选择的互联网资源的书目控制;5. 提供适当的培训/继续教育,以改善对经选择的互联网资源的书目控制;6. 支持对新兴元数据标准的研发,明确互操作以改善对经选择的互联网资源的书目控制的挑战。

作为互联网资源的查询工具,当时最流行的还是人工辅助的雅虎主题目录(Subject Directory)。靠手工并辅以计算机,选择互联网上有价值的信息制作成检索工具,对有着长期搜集与组织人类知识经验的图书馆编目界而言,有足够的自信能够比其他行业做得更好。正如英美编目条例第二版(AACR2)主编戈曼在会议主旨发言结束时所言,"如同我们已经纳入了所有其他类型的人类交流,我们将把电子文献纳入全球书目控制,从而迎来编目的又一个黄金时代,支持我们作为图书馆员的独特任务——保存并传播人类记录"。[7]

2 Google 时代:编目面临的种种挑战

然而,互联网的发展表明,将互联网资源纳入全球书目控制的设想显然过于乐观。随着以 Google 为代表的搜索引擎———种随着完全依靠网络机器人自动全文索引互联网资源、以计算机算法对被搜索资源排序输出的网络查询工具成为主流,不但通过编目对互联网资源进行书目控制的想法受到极大挑战,甚至编目工作本身也由于图书馆在所谓"Google 时代"产生被替代的危机而受到极大质疑。

1998 年在美国加州大学召开了祝贺编目理论家柳别茨基诞辰百年的会议,2000 年会议录出版,题名《编目的未来》[8]。虽然针对编目未来的思考只占了书中最后的一小部分,延续的也仍是上个世纪的思考,但这是在新千年首次提出"编目未来"问题。

2005 年初,美国国会图书馆副馆长 Deanna B. Marcum 在美国图书馆协会冬季会议上再次提出编目未来问题。[9]Marcum 将背景放到了"Google 时代",她认为,图书馆在编目上花费大量财力,而读者即使查询研究资料也会选择搜索引擎,而很少用图书馆目录;亚马逊的书内搜索(Search Inside),以及 Google 大规模数字化图书馆馆藏的图书搜索(Book Search),其全文搜索所达到的检索效果令图书馆目录望尘莫及。Marcum 提出了 4 个关键问题,对编目的理论与实践提出全面质疑:1. 如果普通书刊可联机访问,我们是否应当视搜索引擎为主要访问工具? 2. 一般图书馆仅致力于编目本馆独特资源而非一般书刊,是否更明智? 3. 我们(注:指美国国会图书馆)向全世界图书馆引入了我们的编目规则与 MARC 格式,如何才能使我们所作重大改变不致造成混乱? 4. 在已经改变很多的环境下,我们是否还需要 AACR3?

由于 Marcum 的特殊地位,她的报告引发图书馆界对编目未来的深层思考。在 2005 年末到 2006 年初,陆续出现了一些极具影响力的研究报告,如《加州大学书目服务再思考》[10]、《印第安纳大学书目未来白皮书》[11]及《改变目录性质、与其他发现工具集成》[12]。这些报告重新思考图书馆的现行编目工作与书目服务,开始设计未来的目录服务。2006 年末,国会图书馆又成立了"书目控制未来工作组",期望通过调查在不断变化的信息与技术环境下,编目工作如何有效支持图书馆资源的管理与访问,最终向图书馆界推荐能共同实现这一远景的方法。

3 互联网时代编目的四大趋势

面对网络的发展,图书馆的编目工作其实已经发生了很大的变化。这种变化不仅体现在图书馆把网络资源纳入图书馆目录,还体现在编目工作及目录组织的各个方面。就目前而言,以下 4 个方面的发展趋势相当明显,即编目格式简单化、编目外包普遍化、数据来源多样化及联合目录本地化。

3.1　编目格式简单化

出于编目成本效益的考虑,编目界一直在探索如何在满足用户需求的前提下,适当地简化编目。机读目录时代,这种探索的主要成果体现在制定出一些新的 MARC 记录级别,目的在于在标准化的前提下,减少 MARC 数据中的冗余及非必备信息,提高编目效率。

在这方面较早出现的是核心级记录(Core Level)。[13]核心级记录概念始于20 世纪 80 年代,到 90 年代多个核心级记录标准正式推出。以 PCC(合作编目项目)的核心级记录为例,在保证检索点受规范控制的前提下,要求更少的附注、主题标目及附加款目。核心级记录标准的推出,增加了联机编目合作馆的参与积极性。

进入 21 世纪,为应对远程访问电子资源编目的需求,美国国会图书馆于2004 年又推出了访问级记录(Access Level),在进行规范控制、提供主题检索途径的前提下,进一步简化 MARC 记录,并计划将访问级记录标准逐步应用到其他类型文献。[14]2006 年 PCC 项目属下的 CONSER(连续出版物联机合作编目项目)推出《连续出版物访问级记录工作组最终报告》,[15]访问级记录开始应用于网络资源之外文献。

可以看到,MARC 记录级别的简化,是互联网时代的必然选择。

3.2　编目外包普遍化

外包部分甚至全部编目任务给图书馆以外的机构,成为很多图书馆的选择。目前从事外包的编目机构包括:专业编目公司,美国有 TLC、MARCIVE 等,我国有春晖、同济图联等;联合目录,如 OCLC;书商,我国有人天书店、翔华图书等,国外有亚马逊图书馆加工业务等;甚至连出版社也加入编目外包行列,如我国的机械工业出版社。

以往选择编目外包较多的是缺乏编目专业人员的中小图书馆。随着联合编目的发展,套录在编目工作中所占比重日益增加,需要较高专业知识与经验的原始编目减少,外包逐渐扩展到大型图书馆,如中山大学图书馆、北京大学图书馆等也在近年开始编目外包。早在 2000 年,时任哈佛大学编目部主任的Jane Padham Ouderkirk 撰文认为,留给编员的工作已经很少,这些工作将留给外包机构。[16]美国加州大学图书馆在 2006 年底的《加州大学书目服务再思考》中也提出,将外包大部分 MARC 编制工作。

外包普遍化的趋势可以从一些调查统计数据中看出。在澳大利亚编目委员会 2007 年举办的研讨会上,Jenny Warren 发表了就编目未来对澳大利亚与新西兰图书馆的编目主管所作调查的结果,[17]对于编目外包的相关数据是:完全没有外包的占 38.2%,外包 50%以上的占 30.9%,同时有超过 57%的主管希望增加外包。而 Karen Calhoun 在 2007 年 OCLC 成员会上提供的数据,认为外包将增加的更达到了 72%。[18]

3.3 数据来源多样化

面对不断增长的外包趋势,不免会使人产生疑问:如果大家都选择外包,那么原始编目由谁来做呢? 在网络环境下,数据来源的多样化正是解决这一问题的良方。

Lorcan Dempsey 总结图书馆中使用的描述性元数据有 4 种,分别是专业的、贡献的、程序获取的以及收集用户使用数据而来的。[19]一般而言,由用户使用而获得的数据在书目中只能作为辅助数据,其余 3 种正是编目数据的重要来源。

3.3.1 专业书目数据

专业书目数据无疑是编目数据的主要来源,但不应该局限于图书馆界的 MARC 数据。在英美出版界,ONIX 格式的出版物机读信息是通行的标准。我国则正在编制新闻出版行业标准《中文图书标识数据》,希望从出版这个源头提供书目信息。这些已经或将要出现的书目数据,图书馆界完全可以经转换后拿来使用。美国国家农业图书馆就利用出版社的基本元数据记录作为标引的基础,以编目员增加检索点的方式提高其质量。[20]

正在编制中的 AACR2 更新版《资源描述与检索》(RDA),也考虑到与出版社书目信息的协调,在 2006 年上半年与 ONIX 负责机构协作,成立了 RDA/ONIX 创新项目,目标是开发适用于所有载体的资源分类共同框架,可以支持图书馆与出版业的需求,方便在资源描述数据方面相互间的转换与使用。[21]

以往编目员不屑于使用采访的书目数据,觉得数据太简单、不合乎标准。在图书馆界与出版界在元数据标准方面有更多合作以后,必将形成采访、编目书目数据合一的状态,从而大大丰富书目信息的来源。

3.3.2 贡献书目数据

贡献书目数据是 Web 2.0 兴起后,由用户参与书目建设的一种方式,这种用户参与的编目工作被称为"社会编目"(Social Cataloging)。目前互联网上已有数十家社区型的社会编目网站,如国外的 LibraryThing(www. librarything. com),国内的豆瓣(www. douban. com)等。网站通过从网上获取现有书目信息,让用户只需输入少量信息,即可方便地获取自己拥有、喜欢或正在阅读图书、声像资料等的书目信息,在网上建立个人虚拟图书馆;在未能获取完整书目的情况下,可以选择自己输入,也可以补充、修正现有书目信息。用户还可以对网站上的图书等进行点评(review)、评级(rank)、加标签(tag),提供书评、作者信息,上传图书封面等,进一步丰富书目信息;同时通过网站提供的服务,找到与自己兴趣相近的用户,从而成为社会网络的一分子。以 LibraryThing 为例,目前已收录图书近 260 万种,虽然与世界上最大的联合目录 WorldCat 的近亿种相距甚远,但从一些数据比较看,LibraryThing 也收录了不少 WorldCat 所没有的图书,尤其是非美国版图书,以及图书馆收藏较少的平装书。[22]

除了社区型书目网站外,2007 年中出现的 Open Library(www. openlibrary. org)是另一类社会编目网站。它是开放内容联盟(Open Content Alliance)庞大的数字化全文内容的入口,采用开放方式建立其书目记录。任何人都可以修改已有信息,也可以为其中未收入的图书建立元数据,还可以建立独立的作者介绍页面,上传电子书,等等。

从社会编目网站的兴起与发展可以预测,今后用户贡献的书目数据将会越来越丰富。

3.3.3 程序获取书目数据

用程序获取书目数据将是另一个具有成长性的编目数据来源。前面提到美国国会图书馆"互联网资源书目控制"行动计划的第四项提出,"开发自动工具,抽取、创建、收割与维护元数据,以改善对经选择的互联网资源的书目控制"。由 Jane Greenberg 等所作《"自动元数据生成应用"计划最终报告》[23]已于 2005 年 2 月提交,综述了元数据自动生成的各个方面。

元数据自动生成的对象并不限于互联网资源。一方面,越来越多的数字对象(如数码相片、MP3 音乐等)本身嵌有元数据可以自动获取;另一方面,非数字对象的信息也越来越多地出现在网上。这些都是编目工作中可以利用的数据。

对图书编目来说,图书搜索、网上书店的图书信息,都是可以通过程序获取的。如 Charles Ledvina 编制了一个使用亚马逊商品的 XML 数据创建 MARC 记录的工具" Amazon to MARC Convert"(http://chopac. org/cgi-bin/tools/az2marc. pl),只需输入 ISBN,程序就可返回一个相当完整的 MARC 记录,并且还可以将亚马逊的编者评论作为摘要,强化书目记录。

3.4 联合目录本地化

相比较前面 3 个发展势头明显的趋势,联合目录本地化则是最新出现的一个发展方向。以联合目录取代本地 OPAC 的可能性,正式的始见于《加州大学书目服务再思考》。按报告的计划说明书中"激进的计划",将以 OCLC 为自己的书目库,仅为流通及财产清单而导入书目记录到本地系统。其后 Karen Calhoun 在她为美国国会图书馆所写报告《改变目录性质、与其他发现工具集成》中,同样提出放弃本地服务,直接采用联合目录,并设定目标在五年内实现。

之后,由包括 Calhoun 在内的美国重要学术图书馆相关负责人参与的 Taiga 论坛发表预测"未来五年"的声明,[24]其中第 5 条再次确认这个观点,"大量图书馆将不再有本地 OPAC,我们将步入数据合并的新时代,无论是共享目录还是整合进发现工具的目录。电子资源管理系统与图书馆集成系统将合一,而发现(工具)将外包"。

一年后,这个预言进入实施阶段,2007 年 4 月 OCLC 宣布正在与多个图书馆合作试验 WorldCat Local。[25]这些图书馆采用不同的集成系统,通过定制让 WorldCat 成为本地文献查寻与传递服务的解决方案;除具有 WorldCat.org 的所有功能外,还能与本地的流通、资源共享及全文解析器互操作,向终端用户提供无缝的体验;未来还将以愈 3000 万篇论文信息,以及社会网络服务强化 World-Cat Local——也就是说,它不只是一个设定本馆馆藏优先显示的联合目录,而且可以完全替代本馆 OPAC,并且比现有 OPAC 做得更好。不到一个月,第一个试验机构华盛顿大学图书馆的 WorldCat 本地服务上线,具有 WorldCat 拥有的新型 OPAC 的各种功能,从而使联合目录本地化有了一个很高的起点。

联合目录本地化不但要求图书馆是联合目录的成员单位,而且还要求图书馆的所有馆藏信息都提交给了联合目录,这对联合目录及其成员馆都是一个很大的挑战。除此之外,本地化对联合目录方面的技术支持能力也有很高的要求,可以料想真正普遍化将需要相当长的时间。

4 结 语

本文的大部分都是对以美国为代表的国际编目工作未来发展的论述与总结。近年我国图书馆编目工作也发生着很大的变化,但除了"编目外包"问题外,基本上没有出现国外那种针锋相对的方向性辩论,也没有出现关于图书馆书目服务未来发展的有影响的研究报告,变化在悄悄地发生。

美国40年代因联合编目编目规则导致编目效率下降的问题,在新千年随着我国联机联合编目的兴盛而再现,已经对图书馆参与联机编目的积极性产生了一定的影响。现在是我们采取标准化的方式简化编目格式,推出标准化的CNMARC的核心级、访问级记录,积极采用MARC21核心级记录、访问级记录的时候了。未来联合目录不但是套录数据的来源、编目外包者,还可能成为图书的垂直搜索引擎,因而需要在编目政策方面具有前瞻性,吸引更多的图书馆参与。

同时,随着用户对一站式检索的依赖,联合目录本地化或者通过联合目录检索本地馆藏,甚至直接通过 Google 等搜索引擎检索本地馆藏也会成为一种不可避免的趋势。图书馆应当对此有充分的准备,提前规划自己未来的书目服务方向。

参考文献:

[1] 王美鸿. Michael Gorman (1941—). 大学图书馆, 1998,2(2) [2007-10-28] http://www. lib. ntu. edu. tw/pub/univj/uj2-2/uj2-2_6. htm

[2] Tillett B. B. Catalog It Once for All:A History of Cooperative Cataloging in the United States Prior to 1967 (before MARC). Cataloging & Classification Quarterly, 1992,17(3/4):3-38

[3] Osborn A. D. The crisis in cataloging. *Library Quarterly*, 11 (Oct. 1941):393-411

[4] 王松林. 网络资源特点与 MARC 编目方法新探. 图书馆学刊, 2003(5):29-31

[5] Sandberg-Fox A. M., ed. Proceedings of the Bicentennial Conference on Bibliographic Control for the New Millennium:confronting the challenges of networked resources and the Web:Washington, D. C., November 15-17, 2000. Washington, D. C. : Library of Congress, Cataloging Distribution Service, 2001

[6] Bibliographic Control of Web Resources:A Library of Congress Action Plan. [2007-10-28]. http://www. loc. gov/catdir/bibcontrol/actionplan. html

[7] Gorman M. From Card Catalogues to WebPACS:Celebrating Cataloguing in the 20th Century, a talk given at the Library of Congress Bicentennial Conference on Bibliographic Control for the New Millennium, Washington, D. C., November 15th 2000. [2007-10-28]. http://www. loc. gov/catdir/bibcontrol/gorman_paper. html

[8] Connell T. H., Maxwell R. L., ed.. The future of cataloging:insights from the Lubetzky symposium:April 18, 1998, University of California, Los Angeles. Chicago:American Library Association, 2000

[9] Marcum D. B. The Future of Cataloging. Library Resources & Technical Services, 2006,50 (1):5-9

[10] Bibliographic Service Task Force. Rethinking How We Provide Bibliographic Services for the Unviversity of California: Final Report. Dec. 2005. [2007-11-04]. http://libraries. universityofcalifornia. edu/sopag/BSTF/Final. pdf

[11] Byrd J. prep. A White Paper on the Future of Cataloging at Indiana University. January 2006. [2007-11-04]. http://www. iub. edu/~libtserv/pub/Future_of_Cataloging_White_ Paper. pdf

[12] Calhoun K. The Changing Nature of the Catalog and its Integration with Other Discovery Tools: Prepared for the Library of Congress. March, 2006. [2007-11-04]. http:// www. loc. gov/catdir/calhoun-report-final. pdf

[13] 胡小菁. 书目记录等级与核心记录标准的发展. 中国图书馆学报, 2003(5):82-87

[14] LC implementation plans for access level MARC/AACR records. [2007-11-04]. http:// www. loc. gov/catdir/access/accessrecord. html

[15] CONSER. Access Level Record for Serials Working Group Final Report. 2006-07-14. [2007-11-04]. http://www. loc. gov/acq/conser/alrFinalReport. html

[16] Ouderkirk J. P. Staff Assignments and Workflow Distribution at the End of the 20th Century: Where We Were, Where We Are, and What We'll Need to Be. *Cataloging and Classification Quarterly*, 2000,30(2/3):343-55

[17] Warren J. Directors' Views on the Future of Cataloguing in Australia/New Zealand, 2007: a Survey. August 2007. [2007-11-04]. http://www. nla. gov. au/lis/stndrds/grps/acoc/ documents/Warren2007. doc

[18] Calhoun K. WorldCat and the Future of Bibliographic Control. Members Council Meeting. October 22, 2007. [2007-11-04]. http://www. oclc. org/memberscouncil/meetings/ 2008/october/wc_future_bib_control. ppt

[19] Dempsey L. Four Sources of Metadata about things. Lorcan Dempsey's weblog, 2007-05-20. [2007-11-04]. http://orweblog. oclc. org/archives/001351. html

[20] Fallgren N. J. Brief Meeting Summary: July 9, 2007: Economics and Organization of Bibliographic Data (Washington, D. C.). [2007-11-04]. http://www. loc. gov/bibliographic-future/meetings/meetingsummary-july9. html

[21] RDA/ONIX initiative update. Joint Steering Committee for Development of RDA News & Announcements, 2006-09-26. [2007-11-04]. http://www. collectionscanada. ca/jsc/rdao-nixann. html

[22] Spalding T. Introducing thingISBN. Thing-ology Blog, 2006-06-14. [2007-11-04]. http://www. librarything. com/thingology/2006/06/introducing-thingisbn_14. php

[23] Greenberg J. Final Report for the AMeGA (Automatic Metadata Generation Applications)

Project: Submitted to the Library of Congress February 17, 2005. [2007-11-04]. http://www.loc.gov/catdir/bibcontrol/lc_amega_final_report.pdf

[24] Taiga Forum Steering Committee. Taiga Forum Provocative Statements. March 10, 2006. [2007-11-04]. http://www.taigaforum.org/docs/ProvocativeStatements.pdf

[25] OCLC to pilot WorldCat Local. OCLC News Release, 2007-04-11. [2007-11-04]. http://www.oclc.org/news/releases/200659.htm

本文原载《大学图书馆学报》2008 年(第 26 卷)第 3 期第 18-22 页。

编目的变革

　　1990 年代开始的信息技术变革,一开始并未能触动文献编目领域。直至 2000 年美国国会图书馆的新千年书目控制会议,人们还看不到任何变革的迹象。然而出人意料的是,进入 21 世纪,在内部与外部各种力量的推动下,编目领域的变革高潮迭起,成为几乎所有图书馆学家关注的理论前沿之一。面对编目的变革,作为编目实践者与研究者,需要关注国内外编目界的动态,跟踪这些变化,对编目领域相关问题进行思考,提出建议,并表达自己的认识。

编目与图书馆目录的功能

讲图书馆目录的功能,大概可算老生常谈。但至少对于编目员来讲,如果编目时头脑中装着图书馆目录的功能/职能,那么对于著录项目的选择(即判断什么应该著录、什么不需要著录),就会变得容易一些。

百多年前,克特提出图书馆目录三大功能,即查询(检索)功能、聚集功能、辨识功能。时代在前进,图书馆目录的功能也在不断扩大。于良芝著《图书馆学导论》(科学出版社,2003)在介绍了图书馆目录功能的发展演变后,总结图书馆目录功能如下(46 页):

确认:确认目录所描述的作品或文献是否确为查询的对象。

聚合:即揭示图书馆对于某一特定作者、某一特定主题或某一类型的文献拥有哪些馆藏。

选择:选择能满足用户需要的作品或文献,排除与用户需求无关的作品或文献。

获取:通过文献购置,文献传输,数字化文献的存取获得文献。

导航:通过书目数据间的等同、相关、等级关系从已知作品导向其他作品。

庸俗一点理解可能是:我们是否为在编文献提供了充分的描述信息?我们是否提供了足够的检索点?我们是否提供了与之相关文献的信息?我们是否为电子资料提供了相应的链接……

充分、足够并不意味复杂、面面俱到,而是适可而止;所谓相关也需要适时把握。

关注读者的检索习惯。编目时需要记录在编文献的独特之处,但不需要记录文献中所见到的一切——须记得问自己:读者会这样检索吗?这些信息对他/她有用吗?

关注文献被最广泛利用的可能性。在某些情况下作一些分析著录,但如果以现有检索点读者已经可以找到所需文献,就不要滥用分析。

(2004-12-20)

编目员的工作态度与意识

几年前在了解国外有关"编目/编目员危机"问题时,曾认真看过对岸王美鸿关于 Michael Gorman 的文章(《大学图书馆》1998 年第二卷第二期),前些日子 keven 全文转贴了此文。

作者在文中"编目员的工作态度"部分指出,最初提出编目危机的 Andrew Osborn 在 1941 年将编目员分为四类:遵守法规型、完美主义型、书目型及实用主义型。到了 1975 年,Gorman 也将编目员分成四类:颓废者(the decadent)、机械万能者(the stern mechanic)、虔信者(the pious)及机能主义者(the functionalist)。Osborn 的四类编目员大至还可以对号入座,而 Gorman 的四类编目员名称,不知是我不在其语境下无法理解,还是其善于挖苦人的本性在三十年前的表现。不过撇开名称不谈,实际所述的各类编目员在三十年后的今天无疑仍是存在的。

受 ISBD、MARC 格式所限,编目员经常要费心于是用"."还是";",或者是不是要".",要不要空格这样的细节,而在计算机时代这些可以说毫无意义。然而正是这样的细节不断地累积、强化,造就了一批 Gorman 所说的"只重视目录的形式,而不关心目录的目的;只注意标点符号的位置,而不考虑目录的意义"的编目员,即其所谓的"颓废者"。

由于编目的最终结果以 MARC 记录形式出现,现在编目员对 MARC 格式的关心常常超过编目规则,这对于编目质量而言已存在先天缺陷。即使对于编目规则,不少编目员也只关注条款,很少考虑制订这些规则想要达到的目的。

本来编目规则常隐去作出细致规定的缘由,只注重包罗万象的细节,很容易让使用者迷失自我,故适合参考备查而非系统记忆。所谓"纲举目张",学习条款时当知其然又知其所以然,编目时再养成随时翻阅的习惯,就可以做得轻松而又有好的质量。

我曾写过"编目与图书馆目录的功能",就是认为编目员应当如 Gorman 所说,"了解目录的内涵",这才是编目工作的价值所在。当标点符号之类 MARC 格式细节掌握到了堪称"完美"的程度后,只有在编目时明了目录的功能,才能在选择著录内容时详简得当、游刃有余,将编目水平提高到一个新的层次。

在我们的认识中,Gorman 所述的并不是工作"态度"问题,编目员工作态度大都很认真、很顶真。实际上这是编目的"意识"问题,认识到读者利用目录要达到什么目的,编目时考虑:

- 如何让读者通过目录找到所需要的资料
- 如何最大限度地发挥在编文献的作用

大概编目质量问题就解决大半了。

(2005-04-07)

伪书的图书馆收藏及编目

日前新闻出版总署公布 19 种含有虚假信息的图书,要求书店停售。这里的"虚假信息"含意不明,是夸大宣传,抑或子虚乌有的杜撰? 似乎后者的可能性较大,即为假冒书。相比 1 月北京锡恩企业管理顾问公司提出的百来种管理类伪书这个数字要少很多。

图书馆应当如何处理此类图书?"续　采编的新挑战:伪书的陷阱"(http://www. wretch. cc/blog/arshloh&article_id = 1949623)认为图书馆收藏伪书存在以下问题:

1. 与图书馆精神的抵触(主要从知识产权角度,但没有排除图书馆出于典藏目的的收藏);

2. 图书馆应提供正确的资讯给读者;

3. 与图书馆社会教育的功能不契合;

4. 图书馆信任度的影响。

伪书古已有之,现今某些经典就被疑为伪书;就比例而言,也未必于今为盛(作者梁董提供了古籍中伪书的数据,但结论十分之一当为百分之一误)。出版伪书固可指责,但图书馆收藏则未必。如非侵权,只是托伪之作,则与知识产权无涉。读者均是成年人,有自己的判断力(除少儿图书馆),图书馆是否真有教育职能,也大可质疑。相反,图书馆具有保存文化(哪怕是负面的)之作用,收藏伪书无可厚非。至于是否应当限制使用,则应当区分不同情况,如不涉及知识产权问题,应当可开放使用。

无论如何,如果作为馆藏,图书馆有必要通过目录告诉读者该书之真伪(即"提供正确的资讯给读者"),而由读者自行决定是否需要阅读此书。

虽然编目员通过一番查证,有时能够对某些书的真伪作出正确的判断,然而这种判断缺乏权威性,容易受到质疑。有新闻出版总署的尚方宝剑,自然就无后顾之忧了。

曾写过"伪书之假冒外版书",当时老槐在评论中曾考问关于伪书的"编目理论"和"现代编目原则"。当时我的回复不知为何无法提交。伪书新闻重现,我再将此问题认真查考一番,或许可采取如下做法:

按照著录规则,在题名与责任者项仍应照录,但标目则另当别论。《中国文献编目规则》没有提及这种情况,AACR2R(2002 之 21.4C)或《西文文献著录条例(修订扩大版)》(9.2.1.3)有关于"误认或虚构为某个人或团体的作品"的规定。对于个人的规定如下:

如果知道实际著者,以实际著者作为主要款目标目;如果查不到真实的著者,则以题名作为主要款目标目,为虚构或误认的著者作附加款目。

虽然中文编目没有主要款目概念,但这个规定对于中文伪书也可套用。那些子虚乌有的书,或可认为实际上是(编)译者之作,故应以(编)译者为主要或等同知识责任(701 字段),而以杜撰的原作者为次要知识责任(702 字段)。考虑到作伪或有所顾忌,(编)译者很可能只是个笔名,这不影响其作为一个检索点。

文献语种(101 字段)当为原作或编译,而非翻译。当然,宜加附注说明该书为伪书。

(2005-05-23)

图书馆目录回溯转换的质量要求

虽然图书馆计算机管理在国内已经逐渐普及,但书目的回溯转换仍是很多图书馆需要面对的问题。一方面是少数小型图书馆计算机化刚刚起步,需要回溯转换;另一方面,许多大型图书馆由于馆藏量巨大,只有部分常用书目数据已经进入系统,待回溯的书目数据仍有相当数量。

与前些年计算机管理系统刚开始普及时,全馆动员录入书目、馆藏数据不同,目前不少图书馆选择外包,因为现在已有不少可供选择的外包公司。图书馆需要回溯的文献类型(书、刊、非书资料)、语种(汉、英、日、俄、小语种)各异,不同公司服务不同,不同类型文献书目记录的价格、质量也有很大差异,选择时自然有许多值得推敲的细节。

有一些历史的外包公司会有一个相对较大的书目数据库可供套录,而一般这些数据都经过自己与用户的检验,质量相对高些。但如果是专业图书馆,或者是回溯旧书,收录图书并非一般可套到的,则其优势就不明显了。对于特殊文献类型,如音像制品之类,则除了个别外包公司,一般都不但没有现成的数据可套,而且公司还没有成熟的编制规则与流程,很可能回溯的过程就是图书馆为他们的工作人员提供培训的过程(建议收取培训费抵充部分数据费)。

除了种种细节,仅就数据质量方面,图书馆应当持有什么样的要求?简单一句话——要求不必过高。回溯数据是自用的,目的不是交换,无需过高要求:

首先,不能以编目员的要求来要求他们。图书馆提供的模板或基本字段要求表应当简洁,字段总数不应太多,尤其附注字段不必区分太细。国内外包公司的工作人员以打字高手为主,数据原编为多,每天完成工作量是编目员的数倍或十数倍。如果其质量能够达到编目员水准,那么编目员不下岗谁下岗?

其次,不能严格要求符合编目规则的操作。编目规则之严格细致,虽编目员尚不能说完全掌握,自然没法要求打字员。更主要的是,在操作程序上可通融则通融。

第三,别太把"主题"当回事儿。有主题的记录一眼看上去显得比较规范。不过,如果公司的记录不是从国图或 CALIS 等处套录而是打字员临时编制的,那么他的"主题"至多也就是题名关键词之类。打字员们既没有时间分析主题,也不懂主题标引规则,甚至所用的根本不是规范词。这种"主题"不要也罢,图书馆还可以省些钱。只要图书馆自动化系统能够由题名等处抽取关键词进行检索,对用户的检索结果是差不多的。

前些日子参加某馆书目回溯招标,有专家特别指出有外包公司影像资料编目程序不规范,不看片子就著录。标准做法自然是看播放的片头、片尾,但如此要求势必增加成本,需要大规模回溯的图书馆更赔不起太多时间。录像制品的标签、包装一般除片名、制片、导演、演员等外,还会有片长、制式等信息。虽然放映画面与标签等处信息可能不一致,但简化一下,就按标签、包装著录,再加个附注字段说明信息来源,也就 OK 了。(《中国文献编目规则》(1996)规定的主要信息源为"录像带和电影片的片头(尾),亦可用标签、盒封为代主要信息源"。)

看看 MARC 记录权威 LC 那些回溯的旧记录,不符合规范的多了去了,不照样挂在网上让全世界评头品足也没觉得丢人现眼吗?

当然,质量要求不高绝不是没有要求,只要满足最低要求就可以了。评价标准是用户能够找到图书馆拥有的所需文献,并且找到的正是他想要的:

第一,著录的信息没有错误,或者说错误率低于一定值。信息取自规定信息源或附注说明的信息源,两者必须一致。如果套录记录,套录的必须是在编文献的记录,而不能张冠李戴!后者需要特别重视核对。

第二,提供基本著录信息,不应遗漏重要信息。

第三,提供必要的检索点。一般通过基本著录已经同时完成了提供检索点的任务,但某些情况可能需要增加检索字段。

(2005-05-26)

编目的变革

看 Barbara B. Tillett 博士(美国国会图书馆编目政策办公室主任)的文章"改变编目,但别把孩子与洗澡水一起倒掉"(Change Cataloging, but Don't Throw the Baby Out with the Bath Water!):

"未来我们将以不同方式编目,但保留基本编目原则的精华,并得益于规范控制。我们的工具不仅会改进未来的目录,而且会改进明日世界的信息寻找体系。"

文中的几个小标题,反映着目前对编目工作的普遍质疑:

- 我们不需要图书馆目录
- 我们不需要 MARC 格式
- 我们不需要编目规则
- 我们不需要规范控制

　　Tillett 对这几个质疑自然持反对态度,但她的反对是建立在改变目前编目现状的前提下的。通过此文,我们可以了解图书馆目录、MARC 格式、编目规则、规范控制诸方面的发展趋势。

　　此文给我印象最为深刻的不是那些具体的趋势,而是这些趋势显示出深处危机中的图书馆界或者编目界不再自以为是,动辄想进行"用户教育",让用户跟着图书馆的规则走,而是充分考虑用户的需求,尽可能地、向更广层面的用户提供方便,保留用户自己的选择。

　　那个图书馆员换灯泡的幽默设问:"拧紧灯泡需要多少编目员?"答案是:"只要一个,但是他要先看一下国会图书馆是怎么做的。"当我们做什么都需要查手册,而不能依据目录功能或者用户需求直接作出决定时,做一名编目员实在是很令人悲哀的事。当我看到 Tillett 说"AACR 下一版计划是解释规则后面的原则","基本的一条是训练编目员了解,为满足基本的用户任务需要些什么"时,我对 AACR 3 充满着期待。

　　最近常常想到,我们跟着国际通行做法或者国际标准走,而那些通行做法并不是一成不变的东西。面临图书馆界之外的强势挑战,编目方面的通行做法也在不断地发展。我们或许缺少系统的研究,却未必没有认识到编目中存在的问题。当别人在探讨新的认识,或者重新检讨过去的失误时(比如 Tillett 谈到的在 1980 年代取消责任者关系词),如果我们仍然只依据那些已经成文(而实际上已经有些落伍)的国际规则制定我们的新规则、指导我们的工作,一定数年不变,那么我们只能永远地落伍。

　　当然,更落伍的是,其实并没有用户需求之类为依据,却制定出一些匪夷所思的规则让大家遵守。

(2005-06-14)

集思广益的规则修订方式——从 MARC 21 修订想到的

　　近期 MARC 邮件组最热烈的话题之一就是 2005 年的提案(Proposal 2005-X)。引起我兴趣的不是提案的内容,而是 MARC 21 的修订程序。

　　像我这样完全的局外人,也能及时了解 MARC 21 修订情况,是因为有

MARC 论坛(邮件组,http://www. loc. gov/marc/marcforum. html),还有与修订有关的专门网页 MARC Development,上面集中了所有相关信息。修订过程是透明化的,既有邮件组可以发表意见,还有专项提案、讨论,感兴趣者都可参与。规则修改结果在正式公布实施前,大家就已经了解。

负责 MARC21 修订的委员会 MARBI 的工作目标之一是建立标准的持续评价机制。它对提案有规范化的程序,提案内容除包括修改的 MARC 格式类型(书目、规范、馆藏、分类、团体信息)、涉及的数据元素(字段、子字段、定长字段字符位等)、提议简述等信息外,还要求对建议一旦实施将产生的潜在影响,回答 12 个专门问题,作为提案附件一并提交。这就要求提议机构对所提出的建议深思熟虑,并有一些调查研究,而非头脑灵光一现的结果。

这种集思广益修改标准的方式,似乎是一种国际通行形式。如 IFLA 的 ISBD系列修订,在发布正式稿之前,先以修订稿形式向全世界征求意见。又如 DCMI 也常对都柏林核心元数据的有关提议公开征求意见。

最近欣喜地看到国内在规则修订方面的变化。CALIS 联合编目中心开始在一定范围内征集"业务规则修改、业务工作存在的问题"的提案(见厦门大学图书馆编目部"关于 CALIS 专家组/质量控制组集训班提案的说明"),而《中图法》编委会网站上也挂上了让人期待的"中图法 BBS 站"。

很多东西到中国都会水土不服,所谓橘逾淮则为枳。那天看到"中图法 BBS 站"时,曾期望它早日开通,大家可畅所欲言,互相切磋探讨,求同存异,开国内图书馆界专门领域论坛之先河。可是看到三天后 E 线上那个同样期待它开通帖子用所谓"肉食者"的措辞后,我不禁为这个尚未开通的 BBS 担忧。如果把所有可以发表言论的地方,都变成了可以随意漫骂的场所,那么只能说,民主是我们消受不起的盛宴。

(2005-06-23)

字幕、字幕语种以及编目规则

前几天,看 MARBI 的修订041$b建议(Proposal No. 2005-07: Revision of subfield $b in field 041(Language Code))。$b原来的定义是:

文摘/字幕的语言代码(Language code of summary or abstract/overprinted title or subtitle)

由于视听资料编目员方面(Online Audiovisual Catalogers,OLAC)的提议,目前 $b作了3个修改:

- 对于视听资料,取消原来 $b必须与 $a不同的限制;
- 取消过时的术语"overprinted titles",简单地表述为"Language code of summary or abstract/subtitle";
- 使用范围与定义扩大到为听力障碍者提供的说明字幕(captions)。(自注:不仅仅指对白字幕。)

虽然建议正文对修改理由有详细的解释,说明修改确实很有必要,但看到这个建议仍觉得有点小题大做。看上去并没多大改动,需要又是提议,又是修正,再作批准,折腾几个月这么兴师动众吗?

不过,如果大家做事都想当然,那规则就无法完善。结果是,规则成为随意涂抹、任意解释、谁也不把它当回事的玩意儿……

(2005-10-23)

编目的乐趣

编目其实是件相当乏味的事,因为规矩太多,一举一动均受约束。有人说,编目之所以无趣,是因为那把尺子(规矩)是别人做好了的,只有量得好不好,不能说这把尺子好不好。其实发现并思考这把尺子好与不好在何处,并不是所有编目员都能够达到的境界。虽然这也是编目工作中比较有挑战性的部分(参见"编目研讨信息源一览"),但对我来讲,编目的乐趣只在于搜索与发现。

首先的乐趣是寻找以前不知道的数据来源。最初发现美国国会图书馆的Z39.50 软件网页,试用多个客户端软件后,发现了可用于中文的丹诚 Z39.50 前端软件;而后从 LC、OhioLINK 的 Z39.50 服务器信息开始,这些年陆续寻找与试用各种 Z39.50 服务器(参见"Z39.50 相关信息链接");不能通过 Z39.50 服务器的,还有各类国家图书馆或大型联合目录的 WebOPAC 可用(RLG 的红绿灯、OCLC 的开放联合目录、"网上编目参考资源一览"之书目资源),基本上构建起一个常用的免费书目信息库。另外还找到一些可以参考的图书相关网站(亚马逊、Google Print/Google 图书搜索、豆瓣)。

具有讽刺意味的是,数据来源只需寻找一次。随着越来越多的数据源被找到,编目变得越来越乏味。因为大部分东西都可以套录到,编目就好像《摩登时代》中流水线上的卓别林,机械地复制、检索、下载,以各种规矩衡量一遍,修改那些细枝末节,然后提交、保存,真是无丝毫乐趣可言。

记得读大学时,高数老师曾说,微积分就那几个公式,解题是"纯粹的体力劳动"。编目是又一个绝好实例。

在无聊中,持续的乐趣就是在编目中发现需要继续寻找的内容。

最大的一块是在规范方面。如果是翻译作品,寻找原题名就是乐趣;如果发现可能是未规范的名称标目,查找其规范形式就是乐趣;如果文献上的中、日作者是以罗马拼写形式出现的,查找其汉字名称就是乐趣;如果文献中只有汉译姓,查找其罗马拼写就是乐趣……

遇到韦氏音标名称,分析出转换为汉语拼音的规律,是一种乐趣;见到记录中有不知来源的出版年,发现原来书上用罗马数字标注,是一种乐趣;为分类找出各种合用的参考网站,更是一种永无止境的乐趣("网上编目参考资源一览"之分类、主题与著者号,"最佳编目参考网站"之知识类)……

如果没有这些不时冒出的有点意思的事,还真得闷死。

一直自以为得意的是做过一条自认的"超级记录"。那是五年半前为别人打工,用 MARC21 格式编中文书。大部分都是"纯粹的体力劳动",总算做到一本《楚图南集》,其中有很多译著。于是很耐心地通过各种方式查找,力图将译著不同语种的原名一一寻出(其中有一部未找出,似乎是译者所编的作品集)。以下除编目来源外,按目前网上检索得到的原样列出,当时功底尚浅,就 MARC 格式而言有不完善之处。如果是在自己的书目库中,早把看着不顺眼的东东改掉,把记录弄得更漂亮了:

```
LEADER 00000nam   2200000 a 4500c
008        000904s1999      cc ac e b      000 0dchi d
020        7541516589(set)
040        XXX
041 1      chi|henggerrus
090        DS778. C63|bA2 1999
100 1      楚圖南,|d1899-1994.
```

245 10   楚圖南集.

250   第1版.

260   [昆明]：|b 雲南教育出版社，|c1999.

300   5 v. : |bill. , ports. ; |c21 cm.

504   Includes bibliographical references.

505 0   v. 1. 著作—v. 2. 文選—v. 3. 譯著：地理學發達史；看哪，這
人；查拉斯圖拉如是說—v. 4. 譯著：在俄羅斯誰能快樂而自由；楓葉集；草葉
集選—v. 5. 譯著：希臘的神話和傳說；附：楚圖南年譜.

700 1   Dickinson, Robert Eric, |d1905- |tmaking of geography.
          |lChinses.

700 1   Nietzsche, Friedrich Wilhelm, |d1844-1900. |tEcce homo.
          |lChinese.

700 1   Nietzsche, Friedrich Wilhelm, |d1844-1900. |tAlso sprach
          Zarathustra. |lChinses.

700 1   Nekrasov, Nikolai Alekseevich, |d1821-1877. |tKomu na Rusi
          zhit' khorosho. |lChinses.

700 1   Whitman, Walt, |d1819-1892. |tLeaves of grass. |lChinses.

700 1   Schwab, Gustav, |d1792-1850. |tSchonsten Sagen des
          klassisches Altertums. |lChinese.

附言：

写此篇与编目作别。出于惯性，以后还会关注到编目的信息，但不会细细地看编目论坛的讨论，也不会花时间研读那些几十、上百页的报告，再总结心得了。

(2006-04-26)

CALIS 联合目录与国家图书馆的不一致问题——LCSH 更新的启示

前几天，在杭州参加 CALIS 联合目录用户委员会第三次会议，质量控制组成员有一个议题是讨论"中文团体名称规范"。因为 CALIS 联合目录规范库前期建设已进入最后阶段，完成中文团体部分，就可以正式投入使用了。

由于 CALIS 联合目录制定的著录规则与国家图书馆在诸多方面不一致,导致内地及港台多方质疑。为能与国图保持一致,CALIS 积极参与第二版《中国文献编目规则》的编制。不过,据说有些原来争论确定的内容,最终出版已非原来面目,让参与编写的 CALIS 一方很是郁闷。

更令人郁闷的是,国图的做法也不完全依据《规则》。在这种情况下,《规则》是否还具有其权威?为名称规范,CALIS 已经投入很大人力,期间团体名称形式还作过多次更改。在目前状况下,是否要完全按《规则》做,就存在了很大的疑问。讨论的结果是保持现状。

对于团体名称规范方面,据说国图不完全依据《规则》的原因是,书目库中现有的数百万条记录无法更改。听到这种说法,当时我的想法是,只要确定规范形式,完成规范记录,书目记录按规范作全域更新即可,不存在无法更改的问题。

今天看到博客"图书馆果汁"(Library Juice)上一篇"芭芭拉访谈"(Interview with Barbara Tillett),才感到,具体操作时需要考虑的问题,实际上远没有外人想象的那么容易。同时,只要本着积极的态度,总是可以期望找到解决问题之途的。

芭芭拉是美国国会图书馆编目政策与支持办公室(CPSO)主任(她是编目领域的名人,还有一大堆其他头衔),此番就美国国会图书馆标题表(LCSH)接受博主 Rory Litwin 访问。起因是 Sanford Berman 撰写专著批评 LCSH 改革不够,用词欧洲中心、男性至上、污辱与晦涩等等。芭芭拉的回应,既说明 LCSH 不断进取的现状,又表明积极改进的态度。可以说通过博客这个平台,为 LCSH 好好地作了一回宣传。

通读全文,有以下心得:

1. 技术变化才使很多事情成为可能。LCSH 已有百多年历史,尽管一直在更动,但直到 1981 年卡片目录关闭后才能做更多改变。比如第一次世界大战,在 1981 年前一直是"欧战"(European War,1914-1918),之后才改成"世界大战"(World War,1914-1918)。毕竟逐个改卡片不是好玩儿的。

2. 现有技术不一定能解决所有问题。在 LCSH 中,基督教的神"上帝"直接用 God,而其他教的神就要另加限定词,如"安拉"用"God,Muslim"。对于一个多民族的国家,这样做显失公平。但由于 God 在 LCSH 还指泛称的"神",这就导致不能直接将 God 通过全域更新改成如 God(Christianity)这样的形式。

3. 需要不断探索解决问题的方法。仍是对 God,现在已经找到了解决方法,就是配合使用分类号,确定其含义是泛称的"神"还是基督教的"上帝"。

就是毛主席的话:"世上无难事,只要肯登攀。"

(2006-08-11)

外包、联合目录及数字出版

老马在"编目未来"下留言,要我谈谈对外包与联合目录关系的看法。

去年初看到《加州大学书目服务再思考》,提到"外包大部分 MARC 编制工作"时,就有一个很大的疑惑:如果高水平的编目机构都把 MARC 编制工作外包出去了,那么联合目录的书目数据从何而来呢?

那天参加上海市联合编目中心年会,得知上海图书馆就在给加州大学做外包。后蒙纪陆恩赠送与庄蕾波合著《境外合作编目理论与实践》,也了解到国外的外包不只是给外包商,还包括海外专业机构。联想到一位大学同学,前几年就在为美国图书馆代购国内图书,并在国内做好符合 OCLC 要求的书目数据,也是一种编目外包吧。这些书目数据,最终都会收录到联合目录中,所以联合目录应该不愁数据来源。

老马担心外包对国内联合目录的负面影响,我也有同样的担心。美国在 20世纪 40 年代有编目危机之说,原因之一是由于合作编目的发展,为合作编目所制定的标准化编目规则造成的编目条款激增,导致编目效率相对下降,待编文献积压。我们目前似乎也处于这样的状态,为了要达到标准化,编目员的很多时间花在了一些机械化的操作上,很多情况下并无助于目录职能的改善。由于效率问题,编目部门很容易受到馆领导的质疑,而图书馆参与联合目录的积极性也因之受挫。这也是我之所以对简化编目格式持积极态度的主要原因,核心级记录、访问级记录……都应该是我们的目标。我们应该有提高编目效率的简化标准。

这只是问题的一方面,问题的另一方面是联合目录不够强大,既不能完全反映图书馆的馆藏,也没让图书馆觉得不反映有什么不方便。联合目录功能单一,馆际互借还处于襁褓期,文献传递又自成一体,联合目录未能融入图书馆的日常服务之中。OCLC 的联合目录是馆际互借的依托,worldcat.org 可以变成图书馆的本地目录,因而图书馆会把自己的所有馆藏信息都交给它。我们的联合目录做不到,甚至还刻意地回避这样做。结果是,外包的书目数据是否进入联合目录成为一个问题,联合目录的发展堪忧。

当然,上面的联合目录其实特指 CALIS 了。以国图、上图等大机构为依托建立的联合目录,不用担心数据来源,因为主体馆藏数量本身就足够庞大,即使没有其他来源,也可供其他馆作一个优秀的下载来源。只是这些联合目录的功能就更单一了,基本上无法反映成员馆的馆藏,如果发展馆际互借,单向性更明显。

自己对外包的运作所知甚少,无论是商业机构还是联合目录。就书目来源方面,商业机构无论是否选择套录联合目录数据,都需要有一批人做原编;而像 OCLC 这样的联合目录做外包,又将如何处理没有收录的图书?或者还要有一个附属的部门做原编?

另:关于多来源数据对图书馆的适用性。国会图书馆书目未来工作组报告草案把图书馆置于从作者到读者的书目信息供应链中的一个普通环节(The library is… only one link in the supply chain of bibliographic information between author and reader),应该也是中肯的。另一方面,图书馆界也有必要参与到这个供应链的上游,让原始的数据适应图书馆的需求。RDA 在与 ONIX 合作研究,耄耋少年(注:陈源蒸先生博客名)也一直在呼吁图书馆界参与国内出版业标准的制定,不知中图学会、国家图书馆(如书蠹精(顾犇先生博客名))是否已经介入相关工作?

附:老马的留言

很想听听精灵老师对外包与联合目录关系的看法。外包盛行的日美两国,联合目录同样很发达。我不知道日本情况如何,至少在美国像 OCLC 那样的联合目录巨擘也是最大的编目外包商。反观国内的情况很令人沮丧。联合目录刚刚起步,却在外包"风"前摇摇欲坠了(但愿是杞人忧天)。国内外包商目前基本上游离于联合目录(不是说它们不去用联合目录的数据,大的外包商往往拥有几个联合目录的数据,小的就难说了),它们从联合目录中抽走的不仅是客户,而且是数据与资源,即联合目录赖以生存的馆藏数据与书目数据。当然也有单位私下把账号授予外包商代为上传数据的,但这毕竟不合法。外包商现在打的是经济牌,数据白送,哪有馆长不动心的,你编目员同它们是"不平等竞争"。但哪天没了"免费午餐"(可能就在外包普遍化之时),馆长们对"外包"的热情可能又会减退。

有人总担心外包数据影响质量。我倒并不以为然。既然数据来源多样化,还有什么数据不敢要。但我不知道"目录职能"之类的经典论述还灵不灵?毕竟根据"目录职能",仅仅能"检索"是不够的。确实,从图书生产到图书进馆,其中有许多书目数据,但不同数据的"职能"肯定不同。书商的书目首先是推销图书,他的书目怎么跟图书馆的需求协调呢? 当然"数据强化"不失为有效的方法,但这么一"强化",它的成本是否就会比以前少了呢? 而且什么数据该强化,什么不该强化,其标准又在哪呢? 怎么操作呢? 另外编目部(或者将来其他什么部)养着"强化"馆员,恐怕馆长看着就不顺眼。

(2007-12-23)

编目外包印象

这些年,编目外包之声不绝于耳,中山大学外包了,北京大学也外包了,交通大学马上要外包了——那些很牛的大学外包,应该会有很强的示范作用。只是,编目外包到底是一种什么样的状况呢? 一直不甚了了。

上月 CALIS 联机合作编目中心开会,有一个议题是编目外包对联合目录的影响,得到些关于外包的信息。印象如下:

1. 编目外包固然有书商提供"免费午餐"的原因,但有些馆是出钱请外包公司做的。因而可以认为这是由于图书馆编目员普遍不足造成的。

这也与国际状况暗合——LC 之所以不想再承担编目责任,很大程度上也是由于其面临编目员大量退休的压力。

这也多少可以解释为什么比编目员更不需要技术的流通很少听到外包。

2. 外包公司员工的工作量远高于图书馆编目员,因为采用的是计件工资。然而速度与质量有一定的负相关关系,故而某馆要求外包公司不能超过 100种/天,目前一般在 80 种/天(套录)。

与外包工作量相比,编目员不免给人以混日子的感觉。然而有人认为,如果只做套录的话,80 这个工作量编目员也不是做不到的。但颇有经验的 H 馆长指出,在目前的环境下,不可能单给编目员定如此高的工作量。

过高的工作量会使人成为《摩登时代》中的卓别林。窃以为,果真定这么高的话,编目员如果没有机会"胜利大逃亡",就可能选择集体消极怠工——因为心理不平衡嘛。

3. 为什么外包员工能够承受馆员所不能承受的高工作量? 因为外包员工多半是年轻人,一方面精力充沛,有资本"用青春赌明天",另一方面也是生活所迫。"同工同酬"? 那是天方夜谭。

其实扫描也是同样的情况。

4. 编目外包了,但普遍情况是编目部人员变动并不大,外包只是一种补充,而非取代。比如外包只做套录,原始编目仍由编目员做。

一个例子:竹帛斋主曾撰文提倡外包,但 XXX 说自己走进中大采编部,看那架式吓一跳,三四十个人在那儿干活——结论是,不要让斋主给忽悠了。

再看两年前写"图书馆有什么业务不能外包"时,自己曾错误地认为"市场可以提供什么外包服务,馆长才能外包什么业务",这真正是本末倒置——图书馆外包是由买方市场而不是由卖方市场决定的。如果馆长愿意,就目前的环境,技术部外包也是顺理成章的事——"IT 民工"满街走,弄得名牌大学的计算机专业都成了冷门。

(2008-05-02)

为什么不为《四库全书》编子目——也谈丛书子目的编目

看到书林清话的"编目部,你们在干什么",特有感慨。对问题的看法见仁见智,不能一概而论,但其表述方式,让人又一次感受到图书馆不同部门与专业之间隔膜之深。或者说虽然同在图书馆工作,却往往只觉得自己工作辛苦,而缺乏体谅其他部门同事之心。像美国国会图书馆那样,在"书目控制未来报告"出来后,其他专业馆员为编目员打抱不平的事情,在我们这儿大概是难以想象的。

书林清话提出的为丛书编子目的问题,确实应当引起图书馆的重视。

整套编目的丛书,不止大型丛书,都应当编子目。图书馆以往确有不重视为丛书编子目的现象,甚至有一些丛书,其实是编了子目的,但读者查不到。究其原因,是编目员常不免埋头于编目事务,不大注意读者查询、系统设置这类问题,编制好的子目没有提供题名的检索点。以前本馆的《民国丛书》就是这样的状态。

可惜为每一套丛书编子目只是理想状况。在人力不够的情况下,对于已经编有目录或索引的大型丛书,整套著录也是一种无奈的选择。

书林清话愤愤于图书馆没有为《四库全书》这样的书做子目,想当然地认为编目员是因为"没有数据套录,不好编"。虽然各馆情况不同,但书林清话所言肯定不是真正的原因。

　　整套编目的《四库全书》记录不难套到,套录不到的应该是逐种编目的。经查《四库全书》收录文献 3503 种,可能占图书馆年收藏文献种数的 1/N。对大多数图书馆而言,此处的 N 为个位数,也就是通常一个或数个月的编目工作量。如果要为《四库全书》中每种逐本编目而使其他文献编目积压,馆长肯定要向编目部问责的。

　　如果纯做子目,只要在整套记录下提供各个题名检索点即可。但 3503 个题名,并非现有 MARC 记录或者图书馆集成系统所能允许的,因此至少需要分拆成 XX 条记录,并加上子目的检索点。做子目工作量与单种编相比自然要小一些,但对于特定的编员,或许意味着自己的工作量指标会因此而难以完成——这种话或许摆不上台面,但其实是很现实的问题。编目员大概是图书馆唯一的计件工,不能只要求他们无私奉献。

　　因此,就目前而言,大型丛书编子目的问题从根本上看是要速度还是要质量的问题。因而或许根本不是编目部的问题,而是馆长的问题。

　　其实做子目的必要性在于让读者了解图书馆有某种文献,而不是查询某文献收录在某大型丛书的某一卷册中。如果确知某丛书收录某种文献,只要到图书馆查其目录或索引就可以确定了——反正使用纸本图书本来就是要到图书馆来的。这或许可以解释为什么那些看《四库全书》的谦谦君子没有造反。

　　更何况,《四库全书总目提要》二百卷大大的有名,以致在网上就可以查到(百度国学《四库全书总目提要》)。

(2008-04-20)

从网络编目到元数据:一本杂志的沉浮

　　当年还在外刊室的时候,正经历着 Web 的高速发展期,亲眼看到外文报刊一家家开始印上自己的网址。记得 Newsweek 还把互联网当过年度人物。正在此时,图书馆界新出了一本杂志 *Journal of Internet Cataloging*,我以为正得风气之先,便建议领导订上。期刊还没到馆,自己就换了部门,一头扎进了实体编目,那本刊基本没看过。记得去外刊室查过一次,听说没什么人看,因自己而浪费国家不少银子,很感罪过。

1990 年代后期国外编目界热衷于网络资源编目:MARC 加入 856 字段,OCLC 有 InterCat,LC 新千年编目会议计划"互联网资源书目控制",誓与当时流行的手工编制的网络主题目录(以 Yahoo! 为代表)一比高低。然而搜索引擎机器人让一切成空,如今没几个图书馆保有当年为互联网资源编目的豪气。

互联网时代,图书馆迷茫,编目更迷茫。*Journal of Internet Cataloging* 自 2004 年第 7 卷后就没再出版。与之相对的是,元数据在各行各业大行其道,无处不在。数字图书馆、机构库等图书馆界大热门也都离不开元数据。只是除了编目员,没人理会"MARC 也是元数据",越来越多图书馆不再招"编目员",改称"元数据馆员"。

在此背景下,停刊 3 年的 *Journal of Internet Cataloging* 改名 *Journal of Library Metadata*,于 2008 年接着出第 8 卷。它的论题当然也就是目前的研究热点:

application profiles 应用纲要

best practices 最佳实践

controlled vocabularies 控制词表

crosswalking of metadata and interoperability 元数据互操作

digital libraries and metadata 数字图书馆与元数据

display of search results 检索结果显示

federated repositories 联邦库

federated searching 联邦搜索

folksonomies 通俗分类

individual metadata schemes 元数据方案

institutional repository metadata 机构库元数据

metadata content standards 元数据内容标准

metadata harvesting 元数据收割

ontologies 本体

preservation metadata 保存元数据

resource description framework 资源描述框架

resource discovery and metadata 资源发现与元数据

search engines and metadata 搜索引擎与元数据

SKOS 简单知识管理系统

stochastic vs. deterministic searching 随机与确定搜索

tagging and tag clouds 标签与标签云

topic maps 主题地图

visual image and moving image metadata 可视图与动画元数据

（2008-09-07）

ISBD 著录用标识符有何用？

在书店辞书区找一本字典未果，不死心，往边上书架找，竟看到一册 ISBD 统一版中译本，很是意外。一是想不到在这个通俗书店里会有这么专业的书，二是想不到被放在语言教育类。如果想去书店买这本书，应该会到哪个类去找呢？

节前收到国家标准《电子资源著录规则》（征求意见稿），这两天先睹为快。

作为书目著录类标准，同样遵循 ISBD，也就少不了著录用标识符——"由书目机构提供，置于每一书目著录项目或著录单元（第一著录项目的第一单元除外）信息之前或书目著录项目之中的标识符号"，也就是在图书馆目录（尤其是卡片格式）中会看到的"．—"、"＝"、"／"、"．"、","、"："、";"、"＋"、"（）"、"［］"这些被赋予特殊意义的标点符号。

由此不免再次想起，这些符号还有意义吗？

做中文编目基本上不考虑这些标识符，因为 CNMARC 隐含着要求系统在显示书目时自动生成这些符号，大多数情况下无须在编目时录入。

而发展较早的 USMARC 及后续 MARC21，则要求在记录时手工加上标识符。虽然做熟后很少会出错，毕竟是无端增加的、可以说没有什么意义的符号，可归入无效劳动之列。

ISBD 的这套标识符实为手工时代的遗留物。

ISBD 设计的最初目的是书目数据的国际互换，以及机读转换。据此生成的书目信息，能够在不了解目录所用语言的情况下，实现各著录项目的人工识别。但它对机器识别并不理想，虽然标识符前置，但同一符号出现在不同著录单元前（尤其是每个著录项目首项），歧义是普遍存在的问题。计算机交换书目数据一直基于元数据标识（如 MARC 的字段名、子字段），而非 ISBD 标识符。

目前标识符的作用主要在文献引文和印刷型书目中得以体现,图书馆目录显示也可不用——如本馆目录是洋人所做,对 CNMARC 记录并未自动生成标识符,似乎也不影响内容的识别。

美国通行 4 种不同的文献引文标准,与 ISBD 并无瓜葛。我国的《文后参考文献著录规则》(GB/T 7714—2005)可以认为使用了 ISBD 推荐的符号,但也只是极少几个而已。印刷书目采用文献引文格式也足够了。那么,复杂的 ISBD 标识符还有什么用呢?

统一版征求意见时,在忙别的,没想到要提出这个问题。难道没有其他人提出过类似看法? 如果有,有没有对这种看法提出过批驳(因而保留了这些标识符)? 书蠹精应该很清楚吧。

参见:国际标准书目著录(ISBD)2006 统一版草案公示(2006-07-11)

(2008-10-02)

附　书蠹精:关于 ISBD 著录用标识符答编目精灵问(2008-10-25)

半个多月前,编目精灵提出了一个尖锐的问题:"ISBD 著录用标识符有何用?"

关于这个问题,本人不敢贸然答复,遂发给了 ISBD 修订组的主要人员,让大家一起出谋划策。做编目的人都很认真和细致,没有想到过了几个星期,汇总给我如下的答复,不知道精灵是否能满意。

● 标识符使得各个著录单元更为明确,可以明确表示题名在那里结束,什么是责任说明,什么是丛书项等等。

● 标识符提供了一种理解的背景。对于 RDA 的草稿,大家有很多意见:有些例子没有 ISBD 标识符就无法理解。

● 根据显示,著录项目内部的标识符和著录项目之间的标识符是不同的。在"卡片目录显示"中,标识符帮助人们理解著录项的开始和结束。在行显示中,有时计算机自动提供项之间的标识符,但是内部标识符还是必须由编目员根据自己的理解来提供。

● 在数字时代,书目著录的内容可以用各种类型的标签来表示,或者是 MARC 标签,或者是 DC 或 XML 标签。ISBD 标识符对于未置标的、眼睛可读的著录很有用,但是不很完美,因为同样标识符还被用于不同的场合。

● 我们说的是用于交流的书目语言,不管是数字的还是模拟的。在这种语言中,标识符和顺序构成了语言的句法结构,是"理解"所必须的。RDA 也决定用一些 ISBD 的标识符,因为没有其他可理解的办法。

● 过去和现在,图书馆员都在建造一种特定的语言,无论是在数字时代还是在模拟时代,而且元数据也是"为交流"的目的而存在的。如果我们要交流,我们必须使得我们的语言能被人们理解,所以标识符是比较简短、经济和更国际化的方式。

中外文图书混合排架问题

最近网友心底悠悠和"馆员"在"读吕叔湘《民国时期总书目》序"(2006-11-15)下留言,针对的是吕老先生提出的中外文混合编排问题:

"在我们的图书馆里,外文书和中文书是分开编目、分开收藏的。因此,不但是关于同一个问题的论著由于语种不同而分别编入两本目录,分别放在两个书架甚至两个书库,连一本书的原文和译本也不得不分开两处。再加上线装书与非线装书之分,目录是三份,书库是三处。对于从事学术工作的读者,这也是极大的不便。在欧美国家,很多图书馆都是混合编排,把同一著作的不同语种版本放在一起,同一题目不同语种的论著也放在一起。这对于读者目录和借书就方便多了。我不知道我们的图书馆工作者怎样考虑这个问题。"

回复了留言,想想还是独立地写一篇。

在前文中,我只说明在本馆,同种书有可能分散在中、西、日、俄、古籍五处(如果还有新线装,在古籍还要分置,就是六处)的问题,却不知道解决之道,也不知道内地有哪个图书馆实现了中外文混合排架。

所谓积重难返。排除其他因素,当大量的图书已经分开编目,建立起各自的排架号体系,即使有心想合排,也很难实施。因为合排不是形式,而是为了"把同一著作的不同语种版本放在一起"。这就要求给某些语种全部图书的每一册换排架号(索书号),改号不像重贴条码、加 RFID 标签,设计完工作流程后,基本上只是体力劳动。改号先要对每种书根据规则重新给号(从下文可知并不轻松),然后还要做索书号查重(大部分图书馆不接受重号),最后还涉及找齐该种书的所有复本改贴书标,工作量不是一点点。

因此基本上只有在图书馆建立之初就决定合排,才有可能使合排成为现实。而如何实现同一著作的不同语种版本放在一起,则是达成合排的关键因素,即不同语种文献如何按同一标准取同类书区分号。

香港几家大学图书馆馆藏以西文为主,中文书如中国人用拼写、外国人用原名,同样按字母取克特号,达成中西文合并排架。而内地馆藏以中文为主,并不适用克特表,如按此取号必然出现大量重号需要进一步区分,造成索书号过长。

"馆员"所在馆是新馆,才开始进外文图书,正是设计合排的好时机。Ta 询问一种可能性,即将各种西文图书的作者按照"世界人名翻译大辞典"全部译成汉语译名,再按照汉语译名取著者码,达到与中文图书的统一标准。

对于中文馆藏为主的图书馆,这是一种可行的办法。但具体实施时,要达到"把同一著作的不同语种版本放在一起"的效果,还会碰到实际问题:

首先需要解决人名规范问题。对西文作者,并不是简单地查人名翻译辞典就可以解决所有问题。各学科的名人,由于历史原因,常有不符合标准读音的中译名。如果完全查用音译名,就会与中译本排到不同的位置。记得《世界人名翻译大辞典》里间有一些名人的不同译法,但并不完整。虽然是"少数人",但名人们往往高产或著作反复出版,实际上正是解决问题的关键。

如果有一个高质量的人名规范档可以查,就可以解决大部分问题,只是目前国内规范库质量还有待改进。要做到中文译本与原作放在一起,馆内自己有规范可查就相当重要,当然可以边建库边做规范。

这样做要求西文编目员了解各学科的著名人物及其作品。当然对中文编目员其实也是一样的,因为目前出版同一作者作品采用不同中译名的也不在少数,也要有火眼金睛方能识别。这从另一个角度说明了规范库的重要性。总之,合排对编目员有更高的要求,副产品是做出来的书目记录质量会更好。

其次,要求本馆自动化系统能够有较灵活的检索功能。如果没有建规范库,能够在中文书目记录中记录作者原名的前提下,把作者原名设置为检索点,在给作者规范名称及取著者号时可以查找。

再次,对于辞典中没有的人名,需要选择音译规则。这点比较简单,有现成的拿来用就是了。

题外话:

其实排架的理论与实践相距甚远。编目时总尽可能把同种书、同类书取相邻、相近的索书号,到了书库,如果不采用全排架,编目时的所有努力顷刻化为乌有。而在架上找书,也是件苦差事。

最近看到曾浪迹天涯的资深编目员 Sandford Berman 抨击 LC 多年前即计划停止分类,代之以按书的高度排架。(参见:The Cataloguing Librarian:Berman's Plea to ALA's Executive Board/by Laurel Tarulli(2008-09-30))

LC 的计划似乎并未付诸实施。其实如果能够全排架,就可以很方便地找到书,索书号按书的高度取也没什么关系。如果有 RFID,那索书号就更没有什么用了。

只是,不做学问不会懂得的在书架间浏览的所得与乐趣,也就永远地失去了。

(2008-10-05)

书目数据开放

上周写了"读秀——MARC 免费收集系统"。也许是物以类聚,也许是看客对本人比较客气,留言中没有持异议的。但从其他方面了解到,博文的观点恐怕还是很受某些人鄙视的——Web/Lib2.0 不是要开放吗?

我以为,图书馆的确应当开放书目数据,不论是通过 Z39.50 方式,还是通过 API 等其他方式,让高质量的数据在有需要的时候为各方所用,也让图书馆服务更接近用户。只不过开放数据不应该以数据打包送厂商的方式进行,尤其是联合目录——O'Reilly 的 Web2.0 七项原则之三是说"数据是下一个 Intel Inside",那是进一步挖掘数据内涵、提供增值服务、奠定自己位置的基础。

其实开放书目数据是一种很通行的方式,在还没有 Web 的时候,图书馆界就通过 Z39.50 方式开放 MARC 数据。自己当初改行做编目,不久就赶上互联网大发展,得以在世界各国搜寻可以免费下载 MARC 记录的 Z39.50 服务器。因为做西文编目,很幸运地找到如美国国会图书馆、OhioLINK 这样数据很丰富的 MARC 记录来源,90% 以上图书记录可以由此获得。后来开始写博,就想到介绍"Z39.50 服务器信息"(2004-11-04),也经常在其他场合向人推荐以 Z39.50 方式下载 MARC 记录。

曾经,国内几个联合目录还是开放匿名下载简编记录的,开放详编记录的图书馆也有一些。后来渐渐的,国内可以公开访问的 Z39.50 服务器几乎销声匿迹。在这种情况下,图书馆如果没有参加某个联合目录,就难以下载到中文MARC 记录。基本上的解决办法是自己低效率地做原编,或者由书商/书目数据商提供——由此促进了书目数据商的发展也未可知。书目数据商除了自己做编目外,还通过其他方式获取 MARC 数据——比如"借用"图书馆账号下载

25

联合目录数据,比如通过技术手段分析网页抓取书目数据。

　　总之,关闭 Z39.50 服务器公开访问,对书目数据商影响有限,因为他们可以低成本地得到数据,而力量薄弱的小图书馆却无法在书目数据方面得到帮助。所以,曾希望国家图书馆开放 Z39.50 服务(开放中的中国国家图书馆,http://catwizard.blogbus.com/logs/30546632.html),因为我认为国家图书馆有为业界服务的责任。不过,今天先听到的消息是,某联合目录要免费下载了。还不知道以什么方式,先赞一声!

(2008-12-23)

从 Google 图书搜索元数据错误说到数字化中元数据创建问题

　　Nalsi 本月开始把译文发到译言上,甚至没有同时发在自己博客"Islander 的西文编目笔记"。译文大多是图书馆界的热点,"Google 能使用 OCLC 的数据么? 能,但是……"就是其中之一。原文"So, Can Google Use OCLC Records? Yes, But: Questions Remain About the Impact of WorldCat on Google's Metadata"发表在 *Library Journal*。(9/10/2009,仅网站?)

　　对 GBS 元数据的质疑始于加州大学伯克利分校信息学院的 Geoffrey Nunberg,他在 8 月 28 日举行的"Google Book Settlement Conference"上,列举了 GBS 中的元数据问题(Google Books: The Metadata Mess),诸如年份混乱、分类错误,而 Google 方面还不急于改进。他更指出 GBS 用只有 3000 主题的 BISAC 主题取代有 20 万主题的 LCSH,数据并非来自图书馆,只适合书店,不适合学术使用。作者另外发表了博文"Google Books: A Metadata Train Wreck"(August 29, 2009),其后又在 *The Chronicle Review* 上发表"Google's Book Search: A Disaster for Scholars"(August 31, 2009),进一步阐述其观点。

　　GBS 的 Jon Orwant 在上述博文下长篇留言,指出元数据并非 OCR 而来。如前述译文,GBS 的元数据来自不同机构,包括 WorldCat 及参与 GBS 的图书馆,Google 员工所做的基本上只是在不同来源的元数据间做取舍。

　　其实大家都知道,图书馆的元数据本身存在错误。分面 OPAC 出现后已将这些错误显性化,拥有大量图书的 GBS 或许更放大了这些错误,Thomas Claburn

在 Information Week 上很夸张地说"Google Books Metadata Includes Millions of Errors"（Sep 3,2009）。Stephen's Lighthouse 在博文"The Google Books Metadata Debate"（September 8,2009）中提供了很多讨论链接,最后举了"Typo of the day for librarians"这个专门讨论书目记录中各种拼写错误的博客为例,说明: Nobody's perfect。

"Cataloging Futures"的博主 Christine Schwartz 一直关注这场论讨,她则从中看到了图书馆面临的相同问题（Google's Metadata Questions—They're Our Questions Also）:

- 元数据取自哪里?
- 在数据化流程的哪个点抓取/创建元数据?
- 如果外包元数据创建,是否自己做,如何做质量控制,或者由外包公司决定?
- 元数据抓取/创建是一次性的过程,还是反复的过程?
- 谁（或在自动抽取时,什么）创建元数据?
- 在自动抽取过程后,是否做人工审核?
- 在元数据创建中用户的职责是什么?
- 如果有多个来源可选,什么是最佳来源?
- 如果有多个记录可选,什么是最佳记录? 能否自动选择?

（2009-09-16）

让索书号见鬼去?

    近年来编目领域新理念、新进展、新应用层出不穷,令人眼花缭乱。这些新生事物有的仍处于萌芽状态,有的已崭露头角,将令多少年自成一体的图书馆目录体系,融入到生气勃勃的互联网信息链中。随 Web 2.0 应运而生的"社会编目",已率先改变了个人整理自己藏书的手段,更有可能使那些没有能力采用正规计算机管理的小图书馆从中受益。也许应该见鬼去的不是具体的"索书号",而是自上个世纪初即已形成、沿用至今的图书馆人对于编目的认识。

计算机识别代替编目员著录?

最近印度的 Durga Sankar Rath 和 A. R. D. Prasad 研究如何用计算机识别印刷图书书目信息。

其一,根据图书的题名页确认图书的书目信息。做法是:首先扫描题名页,然后由字符识别扫描页并产生保留原字体大小信息的 HTML 文件,再用计算机程序进行识别信息。

主要工作是通过统计分析 500 种题名页上题名、作者、出版者、出版地、版本、卷册、丛编、出版年等出现的位置、字体、标点符号、连接词等信息,建立识别程序。

比如题名识别的推导方式是:

- 出现在题名页的上部或上中部
- 出现在题名页之首(75.15%,少数情况是作者或丛编)
- 题名字体比其他都大(94.99%)
- 如果题名和副题名出现在同一行上,则由冒号或短横分隔
- 题名可能含有数字和标点符号
- 题名通常含有"The"、"An"、"Introduction"、"Theory"、"in"、"to"

作者用识别程序试验了 50 个题名页,有 46 个得到了正确的结果。

其二,两位作者以同样做法研究了从题名页背页获取书目信息的方法。如对出版年的判断方法是:

1. 如果发现 4 位数字,且以 19 或 20 起始,则该信息可能是出版年;

2. 如果以上述方法获得 1 个以上年份,其中最高顺序值可能是出版年。

其他主要工作是分析在版编目信息。AACR2 的主要款目规定给他们识别题名、责任者添了很大麻烦。

该文所述对各书目信息判断的文字描述,可用于新编目员培训。当然,其判断方法仍然比较简单,值得改进之处不少。如出版年,所获得的最高值很可能是印刷年。

原文见:

Heuristics for Identification of Bibliographic Elements from Title Pages. *Library Hi Tech*, Vol. 22 No. 4

参见:1987 年 Ling Hwey Jeng 的博士论文(The University of Texas at Austin):题名页作为书目描述信息源(The Title Page as the Source of Information for Bibliographic Description: An Analysis of Its Visual and Linguistic Characteristics)

(2005-01-21)

编目的简化与强化

在不同时代,编目工作时而强调简化,时而强调强化,但从来没像现在这样,简化与强化两种趋势交织在一起。一方面,MARC 格式的核心级之类的简化记录广泛应用,很多著录内容都可以省略,比如一些代码字段、附注字段。与此同时,有助读者使用的著录内容却在增加,比如目次、内容提要,有那么一点回归中国古典目录学"指点学术门径"的意思。

例子之一是近几年,美国国会图书馆 LC 的不少书目记录提供一至三条856字段,分别链接图书的目次、出版者对图书的描述和作者信息等。这就是 LC 的书目强化咨询组"LC Bibliographic Enrichment Advisory Team"(BEAT)所从事的强化书目计划。LC 凭借其国家图书馆的地位,与出版者等合作,由出版者向其提供相关信息,存于 LC 的网站。近年来已有 6 万多条书目记录提供了上述信息的链接,而目次链接的累积点击率也高达 360 万次。

有目次信息链接自然好,然而,如果在看到书目信息的同时就看到目次,而无需点击链接岂不更好?2 月 1 日起,BEAT 计划开始机器生成目次工作,将原由 856 链接的目次信息转到 505 字段,进一步强化书目记录。机器生成的 505字段格式如下:

505 8# $aMachine-generated contents note:PREFACE 1. Probability -1.1 Introduction 1-1.2 Algebra of Sets 2-1.3 Properties of Functions 5…

505 字段不显示附注导语,而显示统一的"Machine-generated contents note:"。由于目次由计算机将经扫描的页面自动转换而成(不作人工处理),故而还会显示章节的相应页码,与看实际的目次页基本差不多了。

转换完成后,原链接到数字目次的 856 仍保留在记录中。这就是说,原来的链接还会继续有效。谢天谢地,我们原来套录下来的记录不用找出来逐条删除 856——LC 还是很为大家着想的。

(2005-03-19)

"多语种叙词表准则"公示

国际图联(IFLA)近些年在推出新的指导性文件前,总会先"公示",听取各方意见。ISBD 系列修订如此,现在"多语种叙词表准则"又开始公示了,发表意见截止期为 2005 年 7 月 31 日。

本准则于 2002 年开始准备,目的是对现行多语种叙词表标准及叙词表编制手册进行补充。

开发多语种叙词表有 3 种途径,本准则只针对前两种途径:

1. 重新创建一部新叙词表

a. 开始用一种语言,随后增加其他语言;

b. 同时用一种以上语言开始。

2. 组合现有叙词表

a. 合并两个或以上现有叙词表,形成一个新的多语种信息检索语言,用于标引与检索;

b. 将现有叙词表与标题表相互链接,同时使用现有叙词表和/或标题表,用于标引与检索。

3. 将一部叙词表翻译为一种或多种其他语言

如果对此有研究,倒是发表见解的好机会。如果觉得用英文不能完美表达,不妨用中文写,然后发邮件给 IFLA 分类与标引组主席 Dr. Marcia L. Zeng(曾蕾)。

附:

1. 多语种叙词表准则 Guidelines for Multilingual thesauri(http://archive. ifla. org/Ⅶ/s29/pubs/Draft-multilingualthesauri. pdf)

2. 现行多语种叙词表标准与叙词表编制手册:

ISO 5964:1985: Documentation—Guidelines for the Establishment and Development of Multilingual Thesauri

Thesaurus Construction：a practical guide/J Aitchison，A Gilchrist，D Bawden．London：Aslib，2000

（2005-04-25）

国际标准书目著录（ISBD）2006 统一版草案公示

《国际标准书目著录》系列（ISBD）出现在 20 世纪 70—80 年代，1990 年前后作过修订。《书目记录的功能需求》（FRBR）出版后，为确保 ISBD 与 FRBR 的"基本级国家书目记录"的数据要求一致，开始第二次修订。2002 年起，新版或修订版陆续发布，部分仍在修订过程中。

修订过程中，ISBD 修订组（ISBD Review Group）想到把各 ISBD 集成为一个"统一版"（consolidated edition），于是在 2003 年成立了 ISBD 未来方向研究组（Study Group on Future Directions of the ISBDs）。研究认为，将各 ISBD 集成为一个 ISBD 是可行且有益的。通俗地说，本来要改点什么是牵一发、动全身，现在则是一了百了，岂不快哉。于是"修订组"责成"研究组"准备一个权威文本，就是 7 月 10 日起全球公示的"2006 统一版"草案（PDF 文件，242 页），征求意见截止期 10 月 15 日。

粗看其形式，与原 ISBD 基本一致。根据说明，除了各 ISBD 内容的合并，主要的变化有：

- 规定标识符小有变动；
- 文末术语表增加了一些定义；
- 电子资源不再有资料特殊细节项，该项仅用于舆图、乐谱与连续出版物；
- 对远程访问电子资源是否需要载体形态项尚有不同意见；
- 删除了很多旧例，文本中的实例仅作为示例，更全面的实例将在以后作为附件（supplement）提供；
- 基于国际音乐图书馆协会建议，印刷乐谱（Printed music）改名标记乐谱（Notated music），适合于印刷或电子形式。

另外，统一资料标识（GMD）与特殊资料标识，将依据 ISBD 修订组下的资料标识研究组（Material Designation Study Group）的研究结果确定。目前文献资料类型与 ISBD 制定之初确实已大不相同了。在我们的 GB3792 中,还可以看到原汁原味的 GMD。

统一版的初衷是有助于各 ISBD 间规定的统一,方便 ISBD 的修订。但我想更重要的是,它将便于编目员成为通才,而不是只专长少数几种文献著录的“窄才”。另一方面,统一版或许更有助于 ISBD 成为一种通用的著录标准。

不由想到另一个编目标准,《英美编目条例》(AACR2)的新版《资源描述与检索》(RDA)也在紧锣密鼓的推进中。那么,ISBD 与 RDA 的关系如何?同样由国际图联(IFLA)设想的那部“国际编目条例”又在哪儿?真令人困惑啊!

(2006-07-11)

《中文图书标识数据》(征求意见稿)观感

毳毿少年博客新开,一连发表了“标识性编目”系列博文,使我对此问题有了一定的了解。规范出版行业需要提供的书目信息,不管从哪个方面来说都是很有必要的,即使这样做的目的是让图书馆的大部分编目员失业。

正好有幸看到了中华人民共和国新闻出版行业标准《中文图书标识数据》(征求意见稿),觉得特别困惑的就是其主体“4 标识数据”采用 CNMARC 名称(字段、子字段)与 DC 元数据表达各著录项。该标准长达 56 页,说其繁复程度不亚于编目手册,或许也算不得夸张。而“附录 3. 中文图书标识数据应用实例”,看上去就是一条常见的 CNMARC 记录,一点未体现出或者说让人感受到毳毿少年在其博文中所说的标识性编目的优点。总体而言,可以说有见到编目手册的“亲切感”。

如果要对这个行业标准提一些观感,那么就是以下四点:

1. 国际出版界电子形式产品信息的标准是 ONIX,美国国会图书馆在编目中也使用 ONIX 数据,我国的相应标准是否应当考虑与其兼容?

2. 本标准同时采用 MARC 与 DC,不会意味着出版者必须同时提交两种格式的数据吧?应当是只需一种格式,另一种格式经过转换即可。或许可以认为本标准同时提供两种格式转换的标准(附录 1 和附录 2 分别为 CNMARC 到 DC

和 DC 到 CNMARC 的对应表)。

3. 元数据之间的转换不可避免。无论是图书馆现在所用 MARC 还是未来用某种元数据(不排除 DC),只要向出版行业或图书馆提供格式转换软件,数据即具有通用性。不必拘泥于某一元数据格式。

4. 标准如果要有长期的指导性,更不应将其局限在某一种元数据格式中。标准只要确定需要哪些项目(如同 ISBD 的八大项若干小项),至于用什么方式表现这些项目,是用 2709 格式文本、EXCEL 表格、XML 格式文本或是其他什么形式,肯定会随技术的发展而改变。

参见耄耋少年的相关博文:

出版界书目工作有大的进展(http://blog. sina. com. cn/u/4bd4c87b010006mw)

"2005 年发布了《图书流通信息交换规则》和 CIP 相比,明确使用 CNMARC 格式为信息交换格式。"

"自动编目软件已开发成功　自动编目是图书馆界做不了的。"

"从源头进行书目数据制作可实现更大范围的信息资源共享　真正做到一家编目,大家使用。"

中文图书标识数据(征求意见稿)系列(http://blog. sina. com. cn/u/4bd4c87b010006my)

不知道为什么发布的是7-14,内容为"附录 1. 中文图书标识数据使用 CNMARC 字段、子字段一览表",而不发布正文部分。那些 CNMARC 字段、子字段估计把很多人都弄晕了。

关于《中文图书标识数据》标准(http://blog. sina. com. cn/u/4bd4c87b010006nj)

"这是出版信息化建设的重要举措。主要为实现在图书出版过程中自动编目规定一个数据内容。这样,在图书付印前,就可以产生符合书目记录要求的数据。此事已酝酿好几年,标准推行后,其中基本部分将以二维码形式印在书上,完整内容将在图书付印前在网上发布。以满足出版社、书商、图书馆与读者对书目信息的需求。""因为是在电子文本上进行标识,而不是另行描述,所以称之为标识性编目。"

关于 ECIP 与自动编目(http://blog. sina. com. cn/u/4bd4c87b010006p5)

新制定的《图书流通信息交换规则》及正在制定的《中文图书标识数据》等中均采用 CNMARC。

标识性编目概念的提出(http://blog. sina. com. cn/u/4bd4c87b010006qh)

"自动编目处理的是图书付印前的电子文本,对其具有的属性数据进行标识。在制定相关标准时,可要求一种新出版的图书必须具有那些属性数据,使图书制作者有所遵循,在属性数据项目的设置上按规范要求处理。"

"标识性编目不可能代替描述性编目,两者将长期共存。一是正式出版的图书方可先行标识,而文献收藏机构总有部分非正式出版的图书。二是对过去出版的图书,还只能进行描述性编目。"

标识性编目的特点(http://blog. sina. com. cn/u/4bd4c87b010006r8)

"4. 真正做到一家编目,大家使用。由于出版单位在图书发行前即提供了标准化的书目数据,发行商与图书馆可不用另行编目了。"

努力做好标识性编目的事情(http://blog. sina. com. cn/u/4bd4c87b010006s7)

"文献编目是社会性事业,出版、发行、图书馆、情报所等都是图书目录的编制者,必须改变'图书馆目录'的狭隘观念。"

"数字图书馆需要解决自动编目的问题,但图书馆界做不了。不能因为图书馆界做不了就不加以研究。"

"加强元数据研究,主要是突破繁琐哲学,在新的条件下,探索可满足检索要求的元数据设置。"(理论与实践怕总是有距离的。)

(2007-01-21)

社会编目(Social Cataloging)

给图书编目早已不是图书馆的独门绝技,外包公司们早就在做了。近年又出现了个人书目网站,于是每个藏书者或爱书者都成了编目员——和现在的编目员一样,他们做的大部分是套录工作,由网站提供相应工具,只需提供少量信息,就可以从外部获取完整的书目信息,做成自己的收藏目录。

这些个人书目网站被称为社会编目网站(social cataloging sites),据 Tim Spalding 称社会编目处于爆发状态,目前已有 40 个这样的网站。维基百科的"Social cataloging applications"中列出了 20 多个(其中大部分只是存目,尚未撰写内容)。

Tim 是"LibraryThing"的所有者,作为社会编目网站的开发者,Tim 在 Ning 上建了社会编目网站开发者的网络——"社会编目员"(SocialCatalogers),用于相互间的交流。按一般的理解,这些同一类型网站无疑是竞争对手,但 Tim 似

37

乎更多地把它们看作一个产业,尽管还很弱小(a dwarf industry),但却有合作的可能性。

对于社会编目网站,我一直比较关注"LibraryThing",很欣赏 Tim 不断挖掘书目信息,绞尽脑汁收集相关信息集成到网站中的做法;偶尔也用豆瓣(douban)。但对这些网站多是片断的直感,没有整体性的思考。看到"librarytwopointzero"的"Librarything,Shelfari,and Gurulib:Social Cataloging Sites Compared",对3个社会编目网站——"Librarything"、"Shelfari"及"Gurulib",就特色、外观/易用、数据控制与所有权(导入导出)及社区与社会网络4个方面进行比较,很有启发。以下是结果:

	Librarything	Shelfari	Gurulib
特色	7	5	8
外观/易用	7	8	4
数据控制	9	5	7
社区	9	6	4
合计	32	24	23

(2007-02-28)

Web 化 DDC·浏览 LCSH

图书馆界在知识组织方面的长期经验,在网络时代如何继续发挥作用?那就是别把自己的分类法、主题词表藏起来,而让大家都来采用,这才不至于被边缘化。这个观点 keven 在当年抱怨《中图法》电子版时就已经表达过了,他最近旧文重温,改名"情报检索语言脱胎换骨的六点议论"重发议论。

keven 因侯汉清老师在北大信管系建系六十年的学术报告而重提旧论。读研时,侯老师就是我的偶像,某个暑假侯老师到本校开 PRECIS 课,课程作业经侯老师指点后正式发表,还很让自己高兴了一阵。看了侯老师的"网络时代的情报检索语言:进展及热点",认同 keven 所说"我知道侯老师以我的话为靶子,最终目的也是与我一致,就是把传统的图书馆对于知识信息的规范控制思想和方法,应用到数字资源和网络环境中去"。在 PPT 的最后发展趋势部分,专门论及检索语言的电子化与网络化,其中的数据是,网络版已达 82.5% (367/445)。

不过,网络版不等于开放。杜威十进分类法(DDC)网络版 WebDewey 已经出现很多年,但只限于注册用户使用。OCLC 甚至还因为图书馆酒店用 DDC 的大类作房间号码而与之打知识产权官司。

只是时代在发展,如今再固守版权,恐怕难逃被抛弃的命运。年中美国一家公共图书馆抛弃 DDC,选用书店分类的新闻热闹一时,或许就是这种趋势的一种反应。而 OCLC 也正在试验开放的 Web 版 DDC,有固定的 URI,未来可能会用这样的形式引用 DDC 号码:http://dewey.info/concept/333.7-333.9/。

与 OCLC 的主动相比,《美国国会图书馆标题表》(LCSH)则是被他人弄成了公开的网络版。近日德国布劳恩斯魏克大学图书馆的 B. Eversberg 在没有资助的情况下,做了"浏览 LCSH"系统,数据来自 allegro(http://www.allegroc.de/)公司的"LCSH 浏览",含 520 万词条,有参照系统,据说是 2006 年以来的数据,大多是名称及名称/题名组合,所以并非完整版的 LCSH。

如系统说明所述,要查"法国女作家诗作评论",很少人知道在 LCSH 中的确切用词,以及如何组合这些词(正式用词是:French poetry—Women authors—History and Criticism)。而现在,不但 OCLC 的联合目录 WorldCat 有 LCSH,甚至 Google 图书搜索最近也开始加入 LCSH。设计该系统的目的就是为方便不熟悉者查到 LCSH 的正式用词。

系统提供多种查询浏览功能:词表正式用词、普通词组、单词、人名、题名。还有多途径的布尔检索功能。

最有意思的是它并不是一个单一的 LCSH 浏览系统,还是一个实用的网络图书信息检索工具。点击正式用词后,右侧除有 LSCH 词条外,还有 4 个相关链接,都是使用 LCSH 的网上图书查询工具:

WorldCat(联合目录)

Google 图书搜索

LibraryThing(个人网上图书馆)

OpenLibrary(开放内容联盟的维基型书目)

(2007-11-10)

FAST：主题词分面应用

远洋过客在"Web 化 DDC·浏览 LCSH"下留言,提示比"浏览 LCSH"更早网络化 LCSH 的 FAST 项目。看后本想恶补一番,最终只略微进了点补,先踩个脚印。

OCLC 在多年前开始对 LCSH 进行分面处理,把先组定组式的标题表,拆分成各个"面"的主题词,直接使用而无需在标引时构造,所用词仍与 LCSH 兼容。项目名为"主题词分面应用",简称 FAST(Faceted Application of Subject Terminology)。研究组成员以 Edward T. O'Neill 为首,除了另外一些 OCLC 人员外,还有肯塔基大学的 Lois Mai Chan 和 LC 的 Lynn El-Hoshy。O'Neill 还负责/参与 OCLC 与 VIAF(虚拟国际规范档)和 FRBR 相关的研究。

介绍:

在项目主页(http://www.oclc.org/research/projects/fast/)上可见 FAST 的最早报告是在 2001 年的 IFLA 年会预备会上(2001/8/14-16),最新报告是在 2006 年 ALA 会年上(2006/4/24)。

这份报告作者 Ed O'Neill 和 Lois Mai Chan,题名"A Faceted LCSH Based Subject Vocabulary",标明是 OCLC 与 LC 的合作研发项目。

背景(需要新方法):电子资源茁壮成长,元数据方案大量涌现,需要主题访问新方法,缺乏技术熟练的主题编目员。

要求(Web 环境下的主题词表):优化检索点,简单的结构与句法,可由非编目员在非图书馆环境下使用,语义互操作,兼容 MARC、DC 及其他通用元数据方案,易于维护,适合计算机辅助规范控制。

什么是 FAST:一个基于 LCSH 术语的丰富控制词汇表,简化的应用句法。

FAST 的原则:根据功能对标题进行分类的分面方法;以简单的应用句法保持 LCSH 词汇的丰富性;提供多层次方法,允许不同层次的主题表达。

FAST 特征:

词汇:同一分面中的术语——枚举;不同分面中的术语——分列。

检索:同一分面中的术语——先组;不同分面中的术语——后组。

八个分面：论题、地理、形式（体裁）、时序、个人名称、团体名称、会议、统一题名（后二者尚未完成）。

FAST 优点：标题构造在词汇表中而非在应用层；适应先组与后组标引与检索；适用于计算机辅助标引与规范控制；比高度枚举式词表维护更方便经济；便利主题数据与跨领域检索的匹配；适应不同检索模型。

试用：

FAST 规范文档的使用界面名为测试数据库（OCLC FAST Test Databases），入口位于"http：//fast. oclc. org/"。该处还链接有名为《FAST 应用指南与文献》的手册草稿（PDF，484K，80p. 发布日期 2007-01-12）。

进入测试库后可以看到数据库的进展，论题、个人名称主题、团体名称主题、地理、时期、题名、事件、体裁已完成，仅参照记录进行中，看来这一年进展顺利（"会议"属"事件"）。

以前曾试用过，当时还没有写博，故而也没有留下记录。这次再用，想起上次使用的感觉——无法作为编目辅助工具使用。系统应该不是为人查用的，既没有前方一致查询，也没有精确查询，要确切地查到一个词并不容易。如在论题中查"information"，用高级检索，命中达 2533 条，且按首字字顺显示结果，以 information 起首的主题词出现 900 条之后；由于 information 本身并非主题词，（不够精确以致不足以作为主题词？）无论在主标题（Main Heading）还是副标题（Subdivision）中查，检索结果都为 0。

原以为 FAST 后将标题表改成了后组的叙词表，其实 FAST 本身有相当数量的先组词，如记录号为 fst00801549 的"Agriculture—Information services—Public opinion"，就由三部分组成。（如前述 PPT 所述，属同一个"面"？）从前述 PPT 看，标引时没有 LCSH 的浮动表之类需要在使用时构造主题词，而是列举出所有主题词，因之也不是叙词表。如果从句法上看，属元词表。

项目主页上还列有 ALA 2006 年会上另外两个报告，其中一个是杨百翰大学 Shannon Hoffman 的"Looking Deeper into Using FAST：Report on Three Projects Using the FAST Authority File"（ppt：97K/13 slides），介绍 FAST 在 3 个项目中的应用，他的结论是两个：

1. FAST 需要改进检索；

2. 要非编目员作主题分析并达到一定的专指度，需要加以培训。

想来他的想法与我一致，FAST 设想的"非编目员在非图书馆环境下使用"

的目标并不容易达成。

附:FAST 常用字段

FAST 采用 MARC21 规范格式,一些字段说明:

001 FAST 记录号(fst…)

043 地理区域代码

100/400 FAST 个人名称

110/410 FAST 团体名称

111/411 FAST 事件(含会议)

130/430 FAST 题名

148/448 FAST 时序名称

150/450 FAST 论题

151/451 FAST 地理名称

155/455 FAST 载体

688 一般有两条,分别是 LC 和 WC 中的使用频次,很有意思的数据

7XX 对应 LCSH ($0 LCCN,如(DLC)sh YY…)

(2007-11-28)

LCCN 永久链接服务

书蠹精已经报道,我也从同样来源得到消息:美国国会图书馆提供 LCCN 永久链接服务。通过每条 LC 书目记录都有的 LCCN 号,可以直接链接到该记录——一个独立的网页(MARC Forum:New LC Permalink Service in production/ Ardie Bausenbach (Thu. , 14 Feb. 2008))。以后还将增加通过规范记录的 LCCN 号链接到规范记录的功能。

基本句法:http://lccn. loc. gov/[LCCN]

如:http://lccn. loc. gov/2003556443

http://lccn. loc. gov/mm78044693(3 位前缀中的空格去掉)

如果要显示 MARCXML、MODS 或 DC 格式,则在基本句法中后附限定词,分别是:

http://lccn. loc. gov/[LCCN]/marcxml

http://lccn. loc. gov/［LCCN］/mods

http://lccn. loc. gov/［LCCN］/dc

上月看"LC 书目记录转换工具"的时候，琢磨其句法还很费了一番工夫，可作对比：http://lcweb2. loc. gov：8081/diglib/admin/test/sru. xml？ stdID =［LCCN/ISBN/ISSN］&stylesheet =［样式表名称］。

作为一个检索工具（Search LC Catalog by Standard ID），多了 ISBN/ISSN 的途径，显示格式也更多些。

LCCN 永久链接服务的作用？ 据其 FAQ：

1. LCCN 永久链接是 LC 联机目录中书目记录的永久 URL，使用 LC 赋予书目与规范记录的识别号——LCCN 构造链接。

2. LCCN 永久链接提供一种引用与链接 LC 联机目录中书目记录的简单途径，可在……电子邮件、博客、数据库、网页、数字文档等中使用。

OCLC 早已在"WorldCat. org"的图书记录页面加上了自己的链接，用的也是自己的控制号。句法：http://worldcat. org/oclc/［OCLC 号］。

再早，LibraryThing 也可用类似的方法提供链接。记得当时还有一位博主在与网友讨论推荐图书的时候选用哪个链接的问题。

LC 的加入，意味着大家又多了一个选择。只是目前可以从永久链接页面链接到 LC 联机目录看馆藏情况，但联机目录中还没有显示这个永久链接——对一般用户使用还是个障碍。

（2008-02-15）

OCLC 的新一代编目产品

OCLC 副总裁 Lorcan Dempsey 是 LC 书目控制未来工作组成员，但在工作组长达一年多的活动期间，他几乎没有在自己博客上谈论过小组内情。即使在报告发布以后，好像他也没有在博客上发表过自己的意见，印象中只提供过一个 OCLC 对报告意见的链接。但在小组的报告草案于 2007 年 11 月 30 日 发布不久，OCLC 立刻在网站上挂出了一个名为"新一代编目"（Next Generation Cataloging)的试验计划(DC. Date. Created = 2007-12-11),其中引用了报告草案的建议。

这个新一代编目试点项目,就是抓取来自出版社的 ONIX 数据并对质量加以强化,以及早加入 WorldCat。显然项目的结果是,OCLC 将由用户贡献数据的分销商转而成为原始数据供应商——OCLC 将此项目归在试验中的产品(ProductWorks),顺便可以看看 OCLC 琳琅满目的试验中产品。

项目运作过程:

● 合作出版社/供应商(Ingram 图书集团、Hachette 图书集团、普林斯顿大学出版社、Taylor and Francis)提供 ONIX 格式的信息。OCLC 将数据转换为 MARC 格式加入 WorldCat,并尽可能通过数据挖掘与数据映射的方式自动强化数据。强化后的元数据以 ONIX 格式返回给出版社/供应商,以对 OCLC 的强化作出评估。

● 合作图书馆(芝加哥公共图书馆、凤凰城公共图书馆、MIT 图书馆、俄亥俄州立大学图书馆)评价通过上述过程加入到 WorldCat 中元数据的质量,反馈其用于图书馆技术服务流程的适应性。

据 OCLC 负责 WorldCat 与元数据服务的副总裁 Karen Calhoun 在不久前举行的"编目未来"会议(The Future of Cataloging: a PALINET Symposium, 29 May 2008)所作主旨发言"转变之旅:从苟延残喘到蓬勃发展"(Traveling Through Transitions: From Surviving to Thriving, PPT),试验计划将于本月结束,目标是在 2009 财政年度正式发布。

在即将举行的 ALA 的 2008 年会上,6 月 29 日将会有一场名为"OCLC 编目新方向"(New Directions in Cataloging at OCLC)的专场,介绍新一代编目项目的试验结果。再顺便看一看 OCLC 在年会上排得满满的四天活动日程,Big O 真是牛得让人无话可说。

(2008-06-23)

OCLC 推出实验分类服务 Classify

OCLC 前些日子刚推出了针对 LCSH、MeSH、TGM(图形资料叙词表)等的控制词表术语服务(Terminology Services),接着又推出了实验性分类服务(An Experimental Classification Service),这是一项基于 WorldCat 数据挖掘的原型服务 Classify,采用 OCLC 的 FRBR 作品集算法,提供作品的 DDC、LCC 及 NLM 分类号。

从 Classify 检索入口,可以通过 ISBN、ISSN、OCLC 控制号、UPC(通用产品码)或者作者/题名进行检索。由于很多作品都有不同版本,所以分类号也可能呈现五花八门的情况。

目前提供的信息有:

● 基本信息:题名、作者、体裁、版本、收藏馆数。

● 分类信息(DDC、LCC、NLM):最常用分类号及收藏馆数,最新分类号及收藏馆数,最新分类法版本、分类号及收藏馆。

● 分类号分布图:分为所有及 DDC、LCC、NLM 的分布。

● 版本详细信息,包括题名、作者、语种、收藏馆数、MARC 类名、分类号等。

其中最抢眼的是分类号分布图。同一种书,分类号大多数情况下差别不会太大,于是分类号分布饼图一般情况下就像游戏中那个张着大嘴吃豆子的小家伙。下面特意找了个有很多不同分类号的例子截图:

Summary

Title: Stilwell and the American experience in China, 1911-45
Author: Tuchman, Barbara Wertheim.
Format: Books   Editions: 15   Total Holdings: 3762

Classification Summary

DDC:	Class Number	Holdings
Most Frequent	951.0420924	2858
Most Recent	355.9952	1
Latest Edition: 21	951.042092	110
Latest Edition: 21	B	110
LCC:	Class Number	Holdings
Most Frequent	E745.S68	2829
Most Recent	E745.S68	2829

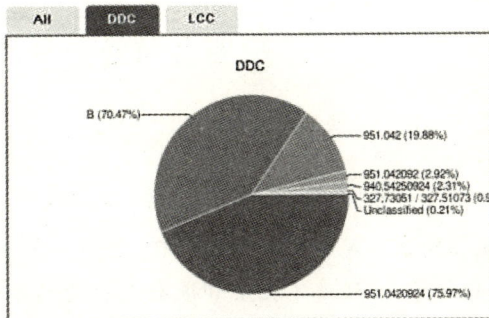

DDC

B (70.47%)
951.042 (19.88%)
951.042092 (2.92%)
940.54250924 (2.31%)
327.73051 / 327.51073 (0.9
Unclassified (0.21%)
951.0420924 (75.97%)

Edition Details

Editions: 1 to 15 of 15

	Title / Author	Leng.	Holdings ▼	Tag	Class #
1	Stilwell and the American experience in China, 1911-45 Tuchman, Barbara Wertheim.	eng	2541	050	E745.S68
				082	951.04/2/0924
				082	B

昨天看到时没觉得这个分类服务有什么用,今天看到 David 说这是个"快速、简单获取分类号的途径,而无须是 OCLC 成员",方才想到原来 WorldCat 是不显示分类号的。David 在一个专业馆工作,在美国很多小馆无钱参加 OCLC,而查 LC 的命中率又不够高,如同我当初,千方百计、削尖脑袋找免费的数据来源。

Classify 提供最新分类号、分类法版本也是挺有用的,因为有可能反映了分类法的更新,常常新分类号更接近最新理解。看了几个例子,或许都不是医学方面的,没有见到 NLM 号。

不管"有用"、"没用",可以看到 OCLC 在如 Lorcan Dempsey 所说的那样,不断地"make data work hard"。难怪 OCLC 尽管属于图书馆行业,却已连续三年名列《计算机世界》最佳 IT 工作单位(Computerworld's Best Places to Work in IT),并且排名从 2007 的第 86 位上升到了 2008 的第 51 位。

另:在"WorldCat. org"查上海图书馆中的书"Stilwell and the American Experience in China, 1911-45",共 14 条,而且首条只显示 10 版本(而不是上海图书馆的 15),可见"WorldCat. org""版本"部分的 FRBR 化做得还不到家——10 版本中没有包括检出的几个中文译本,即《史迪威与美国在中国的经验》《史迪威与美国在华经验》《蒋介石的外国高级参谋长史迪威》。

(2008-07-11)

图书馆编目快闪族

快闪党(Flash mob,也叫快闪族)是一群互不相识的人透过互联网或手提电话简讯相约在指定时间和地点集合,然后一起做出一些特定的动作(例如拍手掌、叫口号等,一般是不犯法却很引人注意的动作),又在短时间内若无其事般急速消失。——维基百科

一二十个书迷(bibliophiles,更应该称为书痴 Bibliolater 或书狂 Bibliomania),携带手提电脑和条码扫描仪,集聚某小图书馆一整天,完成所有馆藏(通常是几千册图书)的编目,然后消失无踪——这就是 LibraryThing (LT) 的"编目快闪族",把小型图书馆的图书信息集中加到在 LT 上建立的图书馆账户中。由于 LT 有庞大的书目信息库(目前为 4 379 602 种),命中率高,因而得已快速完成。

极少数没有的（包括 WorldCat 也没有），就需要原编了。

很多机构的图书馆很小，没有能力进行计算机管理，或者把数据放在网上供感兴趣的人查询。LibraryThing 面对这些馆藏在 5000 册以下的小图书馆，开设机构账户。通常这些小馆，大概也缺少人手把信息放到网上，作为示范或营销，LT 就策划组织了编目快闪族活动，已经做了一座教堂（St. John's Church in Beverly MA）和一个专业协会（罗德岛奥特朋学会，Audubon Society of Rhode Island），分别有 1363 册和 2509 册馆藏。

这些书的信息放上网，是不是有助于日常工作呢？最现实的问题就是，可以作外借管理吗？LT 不提供流通系统，它提供的解决方案是用标签标记，比如 out—Kim（表示 Kim 借出此书）。

看罗德岛奥特朋学会的 LT 首页，发现他们的标签除了主题/关键词，似乎还有索书号（排架号），这样，标签列表前面的数字部分，就相当于一个完整的排序清单了。而在 LT 上查到本馆的书后，也很容易根据标签在架上找到书。

排架、外借——真是万能的标签用途！

(2009-03-09)

关联数据：官方版与山寨版（DDC 和 LCSH）

关联数据（Linked Data）现在很火，似乎超出了其上位类语义网（Semantic Web）。在图书馆界，即将召开的 DC -2009 年会以"关联数据的语义互操作"为主题（参见数图研究笔记：DC -2009 征文通知），而结束不久的 ALA2009 年会的"草根分会场"有一个"关联数据"主题场（参见数图研究笔记：ALA2009 Linked Data Session）。

书目数据（含 FRBR）、规范数据（词表、人名）等纷纷搭上关联数据。如："瑞典联合目录"采用语义 Web 的最新技术——关联数据 Linked Data 的架构，开放其 200 多个成员馆超过 650 万条书目记录，以及 20 万条规范档（参见数图研究笔记：2008 图林十大技术进展（上））；OCLC 的首席科学家 Thom Hickey 四月在博客上宣布，虚拟国际规范档（VIAF）不久也将提供关联数据（Changes to VIAF，参见：虚拟国际规范档 XML 格式）。

尽管远洋过客、Keven、雨僧、Debra 等做了很多普及和提高的工作，自己至今对关联数据还是没有什么感觉，连一知半解都谈不上。不过呢，还是要关注——最新消息是《杜威十进分类法》（DDC）也开始变身关联数据——"dewey. info"（参见 Catalogablog：Dewey Classification as Linked Data）。现在有 9 种语言，包括中文。

只是 OCLC 一如既往地小气，对 DDC 尤其如此，目前只开放了三级类号。官方介绍措辞也比较谨慎，只说是"Dewey Summaries as Linked Data"。

早在四月，Bibliographic Wilderness 就介绍过一个来历不明的 DDC 关联数据,（DDC linked data?）并打赌这东西过多久会被 OCLC 叫停。刚又去看了一下这个山寨数据，网站后缀是西班牙的（http://ontologi. es/decimalised/），数据很巧合地在 8 月 20 日做过更新，而 OCLC 的官方介绍页最后更新日期是 8 月 19 日。

图书馆界最早大规模应用关联数据的实例，不知道是不是已成过去完成式的"lcsh. info"。"lcsh. info"域名由美国国会图书馆（LC）的 Ed Summers 在 2008 年 3 月注册，采用 SKOS 把全部《美国国会图书馆标题表》（LCSH）变身为语义网应用（详见 DC2008 论文"LCSH, SKOS and Linked Data"），但在 2008 年底该服务被 LC 要求关闭，因为 LC 要做官方版的。

官方版迟迟不见上线，英国 TALIS 公司把原"lcsh. info"的全部内容搬到了"http://lcsubjects. org/"，又做了个山寨版的。今年五月初，LC 的正版 LCSH 关联数据终于上线（http://id. loc. gov/），并建立了官方讨论组：Authorities and Vocabularies Service Discussion List。

（2009-08-21）

［update 2009-09-20：早在 2007 年，德国布劳恩斯魏克大学图书馆的 B. Eversberg 就根据书目数据库做了"浏览 LCSH"系统（LCSH Browser），"id. loc. gov"上线后仍继续更新，因为后者只能搜索，没有浏览功能。参见：Web 化 DDC·浏览 LCSH（2007-11-10）］

让索书号见鬼去？美国国家医学图书馆停止提供克特号

12 月 21 日，美国国家医学图书馆（NLM）宣布，将于 2010 年 6 月 21 日起停止为该馆编目的印刷图书给克特号，只有该馆参考部及医学史部的图书例外。作为国家图书馆，NLM 与国会图书馆（LC）有些类似，其书目记录不只本馆使用，所以提前半年发通知，以便相关图书馆有充足时间应对。

停止提供克特号的目的是提高编目效率。理由一是 NLM 本身早在 15 年前就已经不按索书号排架了，这么多年仍坚持提供克特号，只是为了方便其他使用 NLM 记录的图书馆。理由二是，对使用 NLM 的图书馆来说，由于索书号唯一性要求，即使 NLM 给了克特号，到本馆仍有可能需要作些调节才能避免重号。因此，NLM 索性就省了提供克特号这件事了。

NLM 仍承诺提供分类号以反映图书的主题，因为认为分类信息有广泛的用途。

目前大多数图书馆的索书号（即书标上的号码），由分类号＋同类书区分号构成，方便读者在书架上自行浏览，有徜徉书海之感。多数馆用著者号做同类书区分号，少数馆采用种次号（流水号）。国外最流行的著者号就是各种版本的克特号，NLM 一直采用的是 3 位克特号，与国内通用的相同。

NLM 馆内排架使用登到号已经 15 年，这是否意味着他们是闭架的？或者依赖 OPAC 查登到号，然后自己到书架取书，完全放弃开架书库的分类浏览功能？虽然还没有看到各方反应，但相信 NLM 的示范作用，对学术图书馆的潜在影响，将不亚于公共图书馆放弃杜威分类法。对西文来说，或许像大英图书馆外借部那样，直接按题名字顺排架更方便些。可惜汉字排序比较麻烦，不适合采用这种方法。

看 NLM 排架规则"Shelflisting Procedures for Monographs and Classed Serials"，确定克特号占主要部分，是有点复杂。为了索书号（分类号＋著者号）的唯一性，不论采用何种著者号，为了把同作者同类书排架贴邻，为了区分姓名相近作者同类书，编目员的确在索书号上要花不少精力，还常常会因一时疏漏，要到各书库去找出原书修改书标，花费的时间就更多。

从提高工作效率角度，最简单而不影响目前排架方式的做法，就是放弃索书号的唯一性。很久以前就听某人说其馆索书号不唯一，但很少图书馆接受。现在开架书库能够做到全排并且不乱架的，不知有多少馆？反正做不到，索书号重号又何妨？如果是闭架书库，像 NLM 那样，用登到号排架最方便，还不用因库位预设不周而倒架。

目前图书馆编目工作需要考虑的，不仅仅是外包。除了索书号、排架号，接下来还有什么是需要变革的？

（2009-12-23）

图书馆信息组织的未来

　　图书馆员一直是最具危机感的一群人。早在 1940 年代，编目界就关注到编目中存在的危机。在互联网冲击下，编目或书目工作从来没有像现在这样感受到改变的迫切需求。从 2005 年开始，国际上一些重要的图书馆研究机构开始对书目工作现状进行分析与反思，陆续推出了足以影响编目未来的重量级报告或白皮书。这些报告发布以后，对编目工作的影响已经开始显现，其中的一些设想与建议，正在进一步变成现实。

OPAC 2.0 计划书:《加州大学书目服务再思考》

　　加州大学的书目服务特别工作组在 2005 年 12 月发布了关于《加州大学书目服务再思考》的最终报告(Rethinking How We Provide Bibliographic Services for the University of California: Final Report/Bibliographic Service Task Force, http://libraries. universityofcalifornia. edu/sopag/BSTF/Final. pdf)。煌煌 80 页,分建议、计划、结论与附录四部分,旨在吸收以 Amazon、Google、iTune 等为代表的网络服务的优点,改进图书馆目录。除了针对加州大学特殊情况的部分,可视为一份普适的 OPAC 2.0 计划书,值得好好学习。

　　建议(Recommendations)部分表明了特别工作组对改进 OPAC 及编目工作的主要认识:

　　1. 强化检索(Enhancing Search and Retrieval)

　　● 提供对资源的直接访问(Provide users with direct access to item);

　　● 提供推荐功能(Provide recommender features);

　　● 支持定制/个性化(Support customization/personalization);

　　● 对失败或可疑的检索提示其他选择(Offer alternative actions for failed or suspect searches);

　　● 对较大的检索结果集提供更好的导航(Offer better navigation of large sets of search results);

　　● 传送书目服务到用户所在(Deliver bibliographic services where the users are);

　　● 提供相关排序并支持全文(Provide relevance ranking and leverage full-text);

　　● 对非罗马资料提供更好的检索(Provide better searching for non-roman materials)。

　　2. 重构 OPAC (Rearchitecting the OPAC)

　　● 加州大学各分校创建单一目录界面(Create a single catalog interface for all of UC)(针对加州大学多分校的现状);

　　● 支持跨整个书目信息空间的检索(Support searching across the entire biblio.

info. space);

3. 采用新编目实践(Adopting New Cataloging Practices)

- 重构编目流程(Rearchitect cataloging workflow);
- 选择适当的元数据(Select the appropriate metadata scheme);
- 手工强化重要领域的元数据(Manually enrich metadata in important areas);
- 自动创建元数据(Automate metadata creation)。

4. 支持持续改进(Supporting Continuous Improvement)(Web 2.0 的特征——永远的 β 版)

特别有意思的是由建议而形成的计划说明书(Scenarios),分为谨慎的计划(Modest Scenario)、适度的计划(Moderate Scenario)和激进的计划(Radical Scenario)3 个层次。

除实现建议部分提出的功能外,按照激进的计划,将开放所有馆藏给搜索引擎,使用 RFID 指引用户到馆藏所在位置,以 OCLC 为自己的书目库,仅为流通及财产册而导入书目记录到本地系统。

编目方面,外包大部分 MARC 编制工作,本地编目员致力于创建专门元数据。元数据方面,支持包括 MARC、DC、VRA 等在内的多元数据体系,增加或改变元数据以改进相关记录的 FRBR 分组,改进检索结果的分面浏览。规范控制方面,弱化论题主题,强化名称、统一题名、日期与地点。

附录中含有丰富的信息,尤其是以下三部分,如果花些时间一一认真钻研,即使对 Web 2.0/Library 2.0 一无所知,也可一跃而成半个专家:

E:Examples to Learn From(几十个应用,是本报告的思想来源);

F:Additional Ideas Considered(61 个未写入报告正文的想法);

G:Bibliography(22 页长的书目,有摘要、有链接)。

(2006-02-02)

最新研究报告:改变目录性质、与其他发现工具集成

又一份与编目有关的重量级研究报告《改变目录性质、与其他发现工具集成》近些日子挂上了美国国会图书馆编目部的主页。康奈尔大学的 Karen Calhoun 受美国国会图书馆委托,以研究图书馆的目录为研究对象,分析现状,提出复兴行动方案。这是继广受重视的《加州大学书目服务再思考》及不那么有名的《印第安纳大学编目未来白皮书》后,又一个引人注目的报告。

Karen 的理论基础是 Theodore Levitt 的产品生命周期论(the product life cycle)。要复兴处于生命周期末端的产品,按 Theodore Levitt 的理论有 4 个策略:

1. Promote more frequent use among existing users(针对现有用户推广更频繁的使用);

2. Develop new uses among existing users(针对现有用户开发新应用);

3. Find new users for the existing product(为现有产品寻找新用户);

4. Find new uses and new users(寻找新应用与新用户)。

Karen 认为 OPAC 曾经是一个成功的产品,只是现在已经到了生命周期的尽头。因为产品投入大(2004 年研究图书馆协会 ARL 成员在技术服务人工一项上的投入估计为 2.39 亿美元),而信息搜寻者却转向搜索引擎。将 Theodore Levitt 的理论运用到 OPAC 上,Karen 也从用户与应用两个方面,图示 OPAC 复兴之策:

- 现有用户、现有应用,如:略微强化现有目录;
- 现有用户、新应用,如:电子期刊导航、主题导航、输出到书目管理软件;
- 新用户、现有应用,如:新生教育、推送到课程网页;
- 新用户、新应用,如:大量数字化、与其他系统大规模集成、扩大访问。

具体的,Karen 提出了 3 个对策,其中共有 32 个选项。三个对策依层次高低,依次是延伸(extend)、扩展(expand)与领导(lead),以一个三角形图示组织 32 个选项。报告最后部分是分阶段实施的蓝图——两年计划。

儿子作业间隙休息,总要问我是不是在网上又看到了什么有意思的东西。不是每天都有有意思的东西,有时就只能拿正在看的专业信息“对牛弹琴”。本来不过随便说说,但他的回应时常出乎我的意料。

那天对他讲用通俗的语言讲“延伸”、“扩展”与“领导”,就是目前要提供更好的服务,最终放弃本地服务,直接采用联合目录,目标是要在五年内实现。他的问题是:既然最后要放弃,那么大家都“延伸”、“扩展”,不是很大的浪费吗?

虽然跟他作了一些解释,却自知很苍白,讲得一点底气都没有。

那时我还没看完正文,后来发现报告最后一个小标题正是“Who pays? How to build it”,而 Karen 也没有给出答案。

现在的研究报告都很长,认真看完要花不少时间,文后参考资料又是丰富的信息源,还可以花很上多时间。我是早些日子看的康奈尔大学机构库中报告的预印本(Draft 2B),消息来源是 3 月 CIL 2006 会议时几位 blogger 的报道。

与报告本身无关的感想是:开放存取真好,blog 这种信息交流方式真好。

附:近期与编目有关的 3 个研究报告链接

Rethinking How We Provide Bibliographic Services for the University of California: Final Report. December 2005. http://libraries. universityofcalifornia. edu/sopag/BSTF/Final. pdf(79 页,前 36 页为正文,后面是 7 个附录,其中有 22 页带题要的参考文献。). 参见:OPAC 2.0 计划书:《加州大学书目服务再思考》

A White Paper on the Future of Cataloging at Indiana University. January 15, 2006. DOC 文件(31 页,前 19 页为正文,后面是参考文献与附录). http://www. iub. edu/~libtserv/pub/Future_of_Cataloging_White_Paper. doc

The Changing Nature of the Catalog and its Integration with Other Discovery Tools/Prepared for the Library of Congress By Karen Calhoun, Cornell University Library

PDF 文件(52 页,前 20 页为正文,后面是附录,含 8 页尾注/参考文献). Final report (March 17, 2006). http://www. loc. gov/catdir/calhoun-report-final. pdf

(2006-04-11)

美国国会图书馆正在发生什么——要数字资源还是实体资源

美国国会图书馆的参考馆员 Thomas Mann,最近在 LC 专业人员协会(The Library of Congress Professional Guild)网站上发表题为"LC 正在发生什么"(What is Going on at the Library of Congress? http://guild2910. org/AFSCME-WhatIsGoingOn. pdf)的长篇文章,称"LC 现管理层近来的一些决策在 LC 内外爆发抗议,LC 正放弃它在国家共享编目系统的专业责任,破坏了它在得到、编目、访问及保存其独一无二的馆藏(尤其是图书馆藏)上的核心使命"。

据称这些受到强烈质疑的决策包括以下 5 个:

1. 委托的 Calhoun 报告提供了表面客观的借口,证明放弃国会图书馆标题表(LCSH)系统的正当性(还有其他降格 LC 编目与分类运作的建议)。

Thomas Mann 另有长文"批判"Calhoun 报告（A Critical Review，2006 - 04 - 03，PDF 文件，25 页）。

［当初看到 LC 委托康奈尔大学的 Karen Calhoun 写研究报告《改变目录性质、与其他发现工具集成》，其实是有点奇怪的：LC 编目专家多多，何以不自己做研究呢？］

2. 单边决定停止创建丛编规范档，违背了 LC 以前同意的全国合作编目计划（PCC）的标准。网络上的反对签名者达 3495 人。

［4 月 20 日 LC 宣布停止对丛编的规范控制，5 月 1 日即刻实施，一反以往凡事征求意见的谨慎态度，很令人惊诧。因反响强烈，于 5 月 4 日宣布推迟到 6 月 1 日实施。LC 专业人员协会执委会于 5 月 11 日通过"对 LC 管理层停止生产丛编规范记录生产的决议"（Resolution on the Library of Congress Management's Decision to Cease the Production of Series Authority Records），代表采访、编目、馆藏建设与参考馆员，表示强烈反对。然而，6 月 1 日起，一切还是按决定实施了。］

3. 决定为保存目的，对非"天生数字"的传统资料接受数字格式，代替纸本或缩微平片。5 月份，LC 同意取消 Emerald 集团出版物的印刷本，交换数字版的访问权；4 月，LC 同意停止从 University Microfilms 收藏缩微平片的美国博士论文，交换对数字版的电子访问。

根据国家图书馆的责任，LC 必须以可保存形式维持唯一完整的学位论文集。而现在的决定是"访问"电子复本更便宜。

近来论文讨论维护数字格式与缩微品对比的天文数字费用，还不涉及仍未解决的仿真与迁移技术难题：

● 计算数字保存的费用（Counting the Costs of Digital Preservation：Is Repository Storage Affordable？/Stephen Chapman）；

● 数字黑洞（The Digital Black Hole/Jonas Palm）。

4. LC 版权局决定仅记录登记者申请表上的信息，不对实际登录项目作任何查核，这使版权接受编目形同虚设。

对未来研究者产生的问题见"版权局作出编目记录的最终决定"（Copyright Office Makes Final Decision on Cataloging Record）（PDF 文件，9 页）。

5. 最麻烦的是经过若干年，LC 的图书编目运作会持续不足并削弱，声称"无弹性的资金"必须在本领域大量紧缩，而事实上是管理层在"视野"上的改变，与维护传统图书馆编目运作相比，无版权的特藏的数字化被置于更高的优先级。

Thomas Mann 认为，现管理层的目标"对全国的研究图书馆及学者有着意义深远的负面影响。这一目标的特征是'将 LC 转入数字时代'——但是，这

'数字时代'却是从明显视野狭窄的观点所看到的"。[以下长篇分析未及细看。]

到底是要数字资源还是实体资源,在资金有限的情况下,取舍是必然的。绝对是两条路线的斗争! 孰是孰非,怕只能留待未来判断。然而 LC 管理层的决策,不但对美国,而且对全世界图书馆界,无疑都将产生很大的影响。

参见:最新研究报告:改变目录性质、与其他发现工具集成

当时链接的"LC Professional Guild 上关于'编目未来'的文章"在 4 月 24 日只有三篇,目前已有七篇,包括上面链接的几篇。由上文看,不仅事关编目,值得继续关注。

(2006-07-24)

专题报告:图书馆信息组织未来

《图书馆技术报告》(Library Technology Reports)是一份很特别的杂志,每期都好似一本专著,是由专家撰写的长篇专题报告,读后可对相应领域有相当了解。

本期(v. 43, no. 6)专题"图书馆信息组织未来"(Information Organization Future for Libraries),ALA 技术源博客介绍该报告,很是悲观,不译也罢。

开篇引用作者 Brad Eden 在导言中的话:"作为一个老资格的编目员,我真正地感受到技术服务[注:采编]馆员早就了解到的痛苦:图书馆 OPAC 的时代已经过去。"

Eden 似乎像国会图书馆的 Marcum 一样,当了副馆长,开始管预算,就觉得"很明显,图书馆做事的方式行不通"。

那么图书馆该怎么办呢? Eden 给开的药方是:走出 OPAC,将资源集中于新的领域,如 3D 信息可视化、大规模数字化、图书馆 2.0 以及与数字资源相关的元数据。不知道是否管用。

据介绍,专题中有三章介绍资源,分别是基本资源(邮件表、博客和维基等)、"重新发明 OPAC"(论文、报告、演讲的提要,网站,音频等)和图书馆 2.0资源。应当很有参考价值。

按以往的经验,要在 EBSCO 中看到报告正文,还需等些时日。

(2007-11-13)

书目控制未来工作组报告草案网络直播

LC 去年 11 月成立的书目控制未来工作组,最终报告草案在推迟两个多月后,终于要露出庐山真面目,引起大批业内人士关注。11 月 13 日,工作组在 LC 介绍草案内容,同时进行网络直播,一时访问者众,网路堵塞,以至没有几个人真正看清直播内容。由于大家的强烈关注,最终 88 分钟的直播内容未加编辑,在 16 日全部放到了 LC 的网络广播网站供在线观看(Draft Report:Future of Bibliographic Control),同时工作组网站也提供了下载网址(Webcast:November 13,2007,Interim Draft Report and Recommendations),还可直接选择看各个部分,不必从头到尾收看。网站上还有会场所放 PPT 下载(16 页),可以了解报告基本框架。

前些日子为 11 月 16 日上海联合编目中心年会准备一个"编目未来"的报告,所以一直关注工作组的进展。10 月 30 日见消息说报告 11 月 13 日发布,还以为可以赶着报道最新进展。从 13 日晚就开始访问工作组网站,一直没有结果;看博客报道,都是报怨没看清直播,最终有关内容的报道都在 15 日以后了(我们这里是 16 日)。昨天先看到远洋过客的报道,而后又看了其他国外的博客报道。由于草案文本要到 11 月 30 日发布,所以见到评论不多。

报道比较完整详实的,应该是与会的 Karen Coyle。她的报道首先是 3 个主要变化(sea changes),对会场 PPT 中的"Working Group's Guiding Principles",加了一些解释,更容易理解:

1. 重新定义书目控制,包括所有资料、类型广泛的用户社区以及信息搜寻的不同地点。

2. 重新定义书目世界(bibliographic universe),包括所有利益相关者(stake-holders),包括参与信息传递与数字化的营利组织。

3. 重新定义 LC 的作用。作为其他图书馆与非图书馆机构的合伙人,一起达成图书馆界的目标。

接下来是 5 个方面的建议(PPT 中称为"结论",Working Group's General

Conclusions），以及前4个建议的较详细内容。建议全部共有100多条，需等全文公布。五个建议/结论：

1. 通过书目记录的合作与共享，通过使用整个供应链生产的数据，提高所有图书馆书目生产的效率。

2. 致力于高增值的活动。尤其是通过对图书馆拥有但当前仍隐藏而未用的独特资料提供访问，为知识创建提供更大价值。

3. 技术定位。认识到WWW不仅是我们的技术平台，也是标准的适当平台。认识到用户不仅是人，而且是图书馆数据交互的应用。

4. 通过增加资源的评价性、质量与数量分析，定位我们的未来。开展工作以认识FRBR框架所提供的潜力。

5. 通过教育、通过开发能提供现在与未来决策的度量标准，强化图情专业。

报道较专深的是William Denton对于FRBR部分的讨论，综述了AUTOCAT邮件讨论组及一些博客的观点。前述PPT中对FRBR提到：

4.2 Realization of FRBR 重新认识FRBR

1. Develop test plan for FRBR 开发FRBR的试验计划

2. Temporarily suspend work on RDA 暂时停止RDA中［与FRBR］相关的工作

Karen文中对4.2的详细信息是：

认识FRBR：被称为FRBR的框架有很大的潜力，但至今未被测试。尽管FRBR本身未被清晰地理解，却被当做RDA的基础。工作组建议RDA不要做进一步工作，直到对FRBR及它对书目元数据所提供的基础做更多的调查。［好像听直播中讲到要与OCLC、IFLA等一起做试验工作。］

期待最终报告……

附：书目控制未来工作组大事记

2006-06　LC副馆长Deanna B. Marcum在ALA年会上允诺建立外部咨询组

2006-11-02/03　工作组成立会议，决定召开三次专题会议（参见：书目控制未来工作组：关注2007年11月（2006-12-12））

2007-03-08　第一次会议："书目数据的用户与使用"（参见：书目控制未来工作组会议：用户与使用（2007-03-10））

2007-05-09　第二次会议："书目数据的结构与标准"

2007-07-09　第三次会议:"书目数据的经济学与组织"

2007-08-?　公开征求意见截止

2007-09-01　"最终报告"草案公示(推迟至2007年1月30日)

2007-11-01　"最终报告"正式发布(推迟至2008年1月9日)

2007-11-13　"最终报告"草案介绍网络直播

2007-11-30/12-01　"最终报告"草案文本公布(预定)

2007-12-15　"最终报告"草案公示结束

2008-01-08/09　"最终报告"发布(预定)

(2007-11-18)

《书目控制未来报告》(草案)解读

美国国会图书馆(LC)的书目控制未来工作组于11月30日发布了《书目控制未来报告》草案(http://www.loc.gov/bibliographic-future/news/lcwg-report-draft-11-30-07-final.pdf)。这几天到杭州做CALIS联机合作编目中心的西文图书编目培训,每晚拿着打印件认真研读。之前Karen Coyle的直播报导基本反映了草案的内容,看文本另有一些感受。

文首没有一般报告的铺陈,可谓开宗明义,"书目控制未来将是合作的、去中心化的、国际范围的、基于Web的。它的实现将出现在与私营机构的合作,与图书馆用户的积极协作。数据将从不同来源获取,变化将迅速出现,书目控制将是动态的而非静态的"。

阅读时最强烈的感受是,文中处处表明,在书目控制领域,曾经制定并维护了众多标准、提供了大量高质量书目与规范记录的LC,已不想再做老大(alpha library)("去中心化"),只想做一个普普通通的联合编目成员馆("合作")。LC强调,它并非国家图书馆,所以不应当承担国家图书馆的上述责任。当然LC是一个负责任的机构,不会立马撒手不干,这是报告三大指导性原则之一"重新定义LC的作用"部分要说明的内容。

比较受鼓舞的是,LC将在Web平台上更多地开放其内容。

作为曾经的编目员,正做着细致的编目培训,感受最深的是三大指导原则之首"重新定义书目控制"中的这段话:"单一环境如图书馆目录中描述(著录)的一致性,与各种环境间进行连接的能力相比,正变得不那么重要:Amazon 到 WorldCat 到 Google 到 PubMed 到 Wikipedia,图书馆馆藏只是其中的一个节点。在今天的环境下,书目控制不能再被看做局限于图书馆目录。"

报告似乎吹响了抛弃 MARC 的号角,其"3.1.1"建议"开发一个更灵活可扩展的元数据载体",兼容 Web 技术与标准,不限于图书馆数据实践。而系统供应商也将开发能够接受不同格式元数据的产品。有一些不能理解的是,报告称图书馆的元数据环境太复杂,检索协议环境也很复杂,不说这些标准多由 LC 主导或参与,如果再开发一个,岂不更增加其复杂性?

有一帮 FRBR 的粉丝,之前看到直播报告后,对于报告草案中"重新认识 FRBR"中的一些说法很是不满。看过报告,发现其实 LC 还是很认可 FRBR 的,希望应用不限于"作品级",并能够真正实用。

LC 真正不满的是 RDA,不满者有四:

- 在迄今为止的草案中看不出 RDA 所承诺的益处;
- 不清楚根据 RDA 创建的元数据如何与现有元数据一致;
- 转向 RDA 的工作方式不令人满意;
- 采用 RDA 在改变工作流程与配套系统方面所需财力将被证明相当大。

RDA 原定 2008 年发布,从本草案看是 2009 年发布了,如果暂停,就不知何时了。10 月 22 日,JSC 网站上刚公布了包括 LC 在内的英国、加拿大、美国、澳大利亚 4 个国家图书馆将在 2009 年前共同实施 RDA 的新闻,不知道当初 LC 的代表(Barbara B. Tillett?)是不是具有代表权。直播当天她提了一个问题,似乎并未涉及此点。

其实在美国关于书目未来的争论还有一个重要的背景,就是编目专业人员的青黄不接。报告表明,近三十年来,由于套录成为普遍现象,一直觉得对编目专业人员的需求会下降。而现在则面临编目员的大量退休,有素质的教学人员也变得稀缺。所以报告的最后部分专门讲到要为今后的需求设计图情教育(包括网络课程),并且需求似乎在从图书馆转向信息业。[i.e./e.g. 图书馆外包编目,编目员不再在图书馆工作,而在外包公司工作。]

(2007-12-05)

"记录在案"走入歧途——对书目控制未来工作组报告的回应

　　美国国会图书馆的参考馆员 Thomas Mann,又为 LC 专业协会(Professional Guild,代表 1500 名 LC 雇员)写了 38 页的长文"记录在案,然而走入歧途"("On the Record" but Off the Track),作为对书目控制未来工作组报告(以下简称 WG 报告)"On the Record"的回应。以前他也写过回应 Calhoun 报告的长文。

　　起首列主要观点 20 点,长逾两页。往下满是口水(用了很多次"naive"、"naivete"),通篇 LCSH,再往后……简直是气急败坏(31 页"臭名昭著的 Calhoun 报告";36 页"WG 的'书目控制'视界仅限于远程用户的电脑屏幕";36 页"想知道 WG 成员有没有使用研究图书馆的经验"),还好最后他"妥协"了,终于回归理性。如果考虑到事情的背景,关系到劳工利益,也就可以理解了——背景:LC 管理层依据 WG 报告,将实施重组编目工作计划,重写编目岗位职责(Position Descriptions),减少对编目员主题特长的需求,而让编目员承担从未做过的更费时的采访职责。

　　几个有点意思的部分:

　　● 学术需求与快速信息搜寻不同

　　[OCLC 近些年的调查针对的的确只是普通大众。]

　　这里用了"盲人摸象"的典故[之后还多次出现]。学者需要找到所有相关资料,不仅仅是各重要部分,而且包括这些部分如何组成在一起,以及这些部分相互间如何关联。[说得有理,但如何达到恐怕见仁见智。LCSH 固然有优于关键词的地方,但 Mann 在强调 LCSH 优点时常常只是雄辩,缺乏调查数据加以证明。]

　　● 无缝访问 = 非控关键词跨库检索,导致漏检、误检

　　以"无缝"搜索为目标,因为"用户"说他们"想要"。随后打了一个比方,有人"想要"免费获取没有副作用的神药,而无需去医生处体检,也无需咨询药剂师。然后问:为什么医疗专业不给人们"想要"的? 因为无知的人们说"想要"的,可能事实上无助于其最佳利益。[对图书馆专业的启示也就不言而喻了。]

　　跨库无缝搜索不是我们专业梦寐以求的"圣杯"(Holy Grail),因为能用的只是关键词。不同数据库的受控词汇含义不同。[梦想中的本体、语义网,通过对概念关系完整准确的揭示,应当能使跨库无缝搜索达到更好的检索效果。大概也太"天真"了。]

• **Mann 最怒不可遏的是要把 LCSH 分面**,于是花整整 10 页,以"阿富汗"系列标目为例解说[长得没心思一页页往下看]

[看 LCSH 列出的子标目,的确有助于研究者从各个侧面把握研究领域,或至少提示其全貌。可是 OPAC 发展三十余年,没有方便地向用户展示受控主题与分类法的体系,更少向用户显示 Mann 颇为骄傲的参照、范围说明。于是只有馆员是专家,遇到问题咨询馆员……]

[Endeca 的分面 OPAC 至少利用了 LCSH,甚至可以用到 Mann 颇为在意的编目代码,却因"分面"受到责难,实在难以理解。]

• **LCSH 编目结果与 Web 2.0 标签结果的直接比较**

Mann 以 LibraryThing 为例,让大家自己去看查"阿富汗"的结果。

[这种比较不是很有意义。而用 LibraryThing 为例不是很厚道,实际上 LT 是很积极地使用 MARC 记录中的信息,包括 LCSH 的。要不然,Tim 也不会以"元数据人"当选 2008 年度人物。Thing-ology 不久前举了个例子 Chick lit,说明 LCSH 也开始用原来作 tag 的词(来源不明的街头元数据),只可惜用得太晚,并预言会有更多的 tag 会收入 LCSH。如果也做比较的话,因为 LCSH 引入此词晚,如以该标签查 LC 主题,肯定有不少漏检。]

• **1996、1997 年 LC 馆长 James Billington 在国会作证,强调集中比去中心化好**

[此一时也,彼一时也。现在仍为馆长的 James Billington 持何观点? 副馆长 Deanna B. Marcum 力主去中心化,而 LC 也正沿此方向前行!]

Mann 以 1997 年数据"每年向全国图书馆系统提供编目服务约值 2.68 亿",减掉 2007 年编目费用每年 4400 万,得出由 LC 承担主要编目责任,每年可以为全国纳税人减少超过 2 亿费用。

• **整个图书馆界面临的财政困难要求 LC 承担更多的责任**

LC 是唯一受到全国纳税人支持的机构,可免于受市场力量的影响。而市场力量已使其他馆无力承担更大的编目责任。[事实上当初 LC 停止维护 SARS,乃至现在 LC 放弃做编目界老大,都受到美国图书馆界的广泛质疑,原因正在于对依赖 LC 记录的广大图书馆打击过大。在讨论 WG 报告时,对 LC 不承担原编后,如何分担原编费用,this is a problem。]

• **维持 LCSH 和 LCC 优先于数字化特藏**

特藏关注面过窄,而全世界的所有学术研究者都能从使用 LCSH 系统中获益。[听上去这么理直气壮的特色资源数字化,竟然给他这么一说显得不在理了。国内不少特色资源数字化也一样,真正需要的人常常只是小众;但在编目过的大量文献中,又有多少是未被使用过的呢?]

既然有那么多公司热衷于大规模数字化馆藏,为什么纳税人要为数字化项目付钱呢? 那些公司可不会为维护 LCSH 和 LCC 花钱。

• **LC 最新的策略规划(Strategic Plan 2008-2013)(PDF,5.5 MB)在描**

述基本业务与职责时,甚至避免提及"编目"一词,好像 LC 令人骄傲的过去在现在的管理者看来很是难堪[update 2008-03-25]

[文中 cataloging 出现两次,确与当前的业务与职责无关。后一次只是提到编目部接受某些出版物,而前一次则正是提及"令人骄傲的过去"——1902 年开始以低价向全国图书馆出售编目记录]

- "好"的真正敌人不是完美,而是马虎、不完全、不系统、杂乱、肤浅、以次充好

[某人说,好的真正敌人是完美——实在是让编目员的认真劲儿给弄怕了?]

- 在书目控制系统中需要用户教育

需要两种用户教育,一是班级指导,二是即时(point-of-use)指导。

不仅需要把人们带到最佳资源,而且要把他们从看上去吸引人实则浪费其时间的资源中引开。

- WG 忽视的慎重解决方案

举 LC 前不久的 Flickr 项目,以及数字目次(D-TOC)即 BEAT 项目,提出把 Web 2.0 能力链接到 OPAC 记录是可以取悦所有人的解决方案。如此则不会"使孩子和洗澡水一起倒掉",如 Mann 所担心的书目控制被迫就范于 Web 环境(on the Procrustean bed of Web environment)。[WebPAC 不也是 Web 环境?]

这里用了典故"the Procrustean bed"。Prpcrustes 为希腊神话中的开黑店强盗普罗克拉斯提斯,传说他劫人后使身高者睡短床,斩去身体伸出部分,使身矮者睡长床,强拉其身使与订齐。"the Procrustean bed"指强求一致的制度或政策等。

看到最后,忽发奇想:作为参考咨询馆员的 Mann 或许对编目条例 AACR2/RDA 之类很不以为然呢。通篇都是主题标引,没有提一句著录,而 WG 报告中不少应该是涉及著录的。Mann 在第 8 页引用了 WG 报告第 10 页的那段,正是我在"《书目控制未来报告》(草案)解读"中部分引用过的:"单一环境如图书馆目录中描述(著录)的一致性,与各种环境间进行连接的能力相比,正变得不那么重要:Amazon 到 WorldCat 到 Google 到 PubMed 到 Wikipedia,图书馆馆藏只是其中的一个节点。在今天的环境下,书目控制不能再被看做局限于图书馆目录。"(草案第 7 页)Mann 引用后却避而不提著录,只是质疑其中跨环境无缝访问的观点,很可玩味。

参见:

正方:Working Group on the Future of Bibliographic Control. On the Record: Report of The Library of Congress Working Group on the Future of Bibliographic Control(January 9, 2008)[PDF,

442 KB](http://www.loc.gov/bibliographic-future/news/lcwg-ontherecord-jan08-final.pdf)

反方：Library of Congress Professional Guild：The Future of Cataloging（http://www.guild2910.org/future.htm）

收集了相关文献，开篇就是2004年1月LC副馆长Deanna B. Marcum引发本次风潮的"The Future of Cataloging"，以及Mann的若干文章。二例：

批判Calhoun报告的："The Changing Nature of the Catalog and Its Integration with Other Discovery Tools. Final Report." March 17, 2006. Prepared for the Library of Congress by Karen Calhoun. A Critical Review/Thomas Mann（April 4, 2006）（25p）

上文："On the Record" but Off the Track, A Review of the Report of The Library of Congress Working Group on The Future of Bibliographic Control, With a Further Examination of Library of Congress Cataloging Tendencies/by Thomas Mann（March 14, 2008）

（2008-03-23）

LC对书目控制未来工作组报告的回复

6月1日，距报告正式发布近5个月，美国国会图书馆副馆长Deanna B. Marcum（Associate Librarian for Library Services）发布了对书目控制未来工作组报告的回复"Response to On the Record：Report of the Library of Congress Working Group on the Future of Bibliographic Control"（PDF, 441 KB. http://www.loc.gov/bibliographic-future/news/LCWGRptResponse_DM_053008.pdf）。

文前说明收到报告后，她请三方帮助进行分析，对报告中的每项建议提出应否实施的解释：

1. LC采编部（Acquisitions and Bibliographic Access Directorate）管理组（Management Team）；

2. 图书馆服务部（Library Services）的内部工作组；

3. Thomas Mann，对书目控制系统所提出的改进大加批评的LC参考馆员。

除了Mann仍坚持己见，1和2都持强烈支持态度。尤其是2，花数月时间仔细分析LC对工作组报告以及未来可以做的。

估计这个内部工作组是Marcum为撰写此回复而临时组织的。而找Mann则是为了表明听取不同意见——Mann对报告的负面回应两个多月前已经发布。

在 3 页说明之后,是长达 72 页的正文,依次对报告中提出的各项建议(Recommendation)予以回复,每个回复包括三部分:

- LC 的回应与准则(LC Response and Rationale),说明是否支持该建议及理由;
- 目前的行动(Action:Current);
- 计划中的行动(Action:Planned)。

文件太长,无暇细看。全文搜索了一下,有理由、无理由,有条件、无条件,基本上报告中提出的建议都接受了(大多标为 Support),除了以下这条明确"Do not support":

> 1.1.3.2 发展一种机制,认可在编目前以自动方式创建的书目记录著录部分。(LC: Develop a mechanism to accept these data in a fully automated fashion so that the descriptive portion of the bibliographic record is created prior to cataloging.)

理由是目前 ONIX 和 ECIP 与出版社工作流程之间尚不兼容。LC 计划继续参与 ONIX 开发,将会关注从 ONIX 中抓取数据的机会。

这唯一的一条"不支持",看上去与"支持"也没什么两样。据此本人的结论是:照单全收——本来就可说是在 Marcum 授意下完成的报告,有这种结果也是不难理解的。

接下来,大概就是跟着 LC 行动了?

(2008-06-04)

创建目录:网络世界中的书目记录——RIN 报告

英国研究信息网(Research Information Network,RIN)报告《创建目录:网络世界中的书目记录》(2009 年 6 月)。RIN 由英国高等教育资助委员会、研究委员会及国家图书馆建立。

说明:译自"Creating catalogues: bibliographic records in a networked world"(http://www.rin.ac.uk/creating-catalogues)。

Web 2.0 环境为创新使用免费提供的数据集提供了机会,至少在英国,政府有越来越多的兴趣,让公营机构创建的信息,能够更广泛地提供再利用,以产生更大的经济利益、社会利益,并改善公共服务。

这一发展使得创建和使用传统书目数据产生了一个复杂的情景:

2008 年,美国国会图书馆的书目控制未来工作组发表了报告"记录在案",指出编目活动必须在所有图书馆间更广泛和公平地分享,并遵循此一意见,宣布于今年 1 月,在美国和加拿大图书馆调查创建和分发书目数据。

同样在今年,LibLime 宣布了一项基于 Web 的开放源码的编目工具"biblios. net",并建议用它编目的记录将进入"世界上最大的免费授权图书馆记录数据库"。

然而,最近 OCLC 宣布其书目记录再利用新政策,和随后这项政策的撤回,就是一个例子,说明目前涉及目录数据管理和最佳利用问题的复杂性。因此并不奇怪,联合信息系统委员会(JISC)现在也对此环境有兴趣,并计划调查"图书馆目录记录的共享和再利用:网络环境中法律问题指导"。

在此背景下,研究信息网(RIN)报告《创建目录:网络化世界中的书目记录》是一个非常及时的概述,针对印刷和电子图书、学术期刊和期刊文章的书目记录生产的整个过程。本报告追踪这些数据从出版者经过一系列中介机构到达最终用户的过程。要使这些数据可更自由地获取是有压力的,这一过程中每个参与者,在创建、增加、使用或再利用书目数据时,有自己的动机和商业模式,所有这些都需要加以考虑。

我们发现,如果图书馆以及供应链中的其他机构,能够更多地在网络层面运作,将有很大的好处,但要在这个方向作出重大行动,有相当大的障碍。

在使书目数据可更自由地再利用和创新,或消除不必要的重复努力方面,《创建目录》不试图解决所有问题。我们的目的是要澄清的关键问题,并引起对可能的前进方向的讨论。《创建目录》提供了许多重要建议,RIN 将与高校图书馆界和供应链上的其他主要利益相关者一起,认识和了解本报告所提出的问题,移到新模式所能实现的利益,以及如何克服障碍以实现这些目标。

本报告和补充文件可下载如下。如果您想要报告印刷品,请发送电子邮件至"catherine. gray@ rin. ac. uk"。

报告补充文件 PDF:http://www. rin. ac. uk/files/Creating_catalogues_NOTES _June09. pdf(32 页,3. 98MB)

•研究方法(确认利益相关人,通过调查与访谈获取证据,由专家小组评

审报告）

　　● 主要利益相关人（创建书目数据的公共机构、书目数据创建者——出版社、商业数据创建者、图书馆供应商、编目系统/本地图书馆管理系统、集成与书目共同体、电子书记录提供者、连续出版物记录、期刊文章、文摘索引服务、目次数据、机构资源、书目及相关数据标准组织、相关博客）

　　● 调查概述（图书馆、中间机构、出版社）

　　● 调查问卷（研究图书馆、出版社、中间机构调查回复样本）

　　摘要 PDF：http://www.rin.ac.uk/files/Creating _ catalogues _ BRIEFING _ June09.pdf(2 页,961.62KB)

　　5 个结论与建议（协同工作以找出解决之道、共享目录的益处、电子图书的高质量记录、电子出版物每一版本有独特的 ISBN、文章级元数据新标准）

　　报告正文 PDF：http://www.rin.ac.uk/files/Creating_catalogues_REPORT_ June09.pdf(48 页,2.63MB)

（2009-06-10）

简化图书元数据工作流程

　　2009 年 3 月 18—19 日,OCLC 举办"出版者与馆员会议"（Symposium for Publishers and Librarians）,讨论图书元数据问题。美国信息标准化组织（NISO）和 OCLC 委托 Informed Strategies 总裁 Judy Luther 就此撰写白皮书,于会后出版,名《简化图书元数据工作流程》:Streamlining Book Metadata Workflow/Judy Luther. Baltimore, MD：NISO, 2009. ISBN：978-1-880124-82-6（PDF, 22p）。

　　白皮书分析了图书供应链中,元数据创建、交换与使用的现状,以及未来的机会:Stakeholder Perspectives。

　　图书供应链中元数据的利益相关人,也就是拥有图书元数据的机构,包括出版社、元数据供应商、批发商、书商、国家图书馆、本地图书馆与 Google。

　　● 出版社:由于按需印刷技术的发展,出版社需要数字化其出版书目。大社提供 XML 化的 ONIX 数据,小社可能就是 EXCEL 表。

●元数据供应商:包括图书登记机构(如 Bowker 和 Nielsen Book)、编目服务机构(如英国的 BDS)、成员组织(如 OCLC 和 CrossRef)。

Bowker 年增加 30 万条记录,50% 是 ONIX,45% 是 EXCEL 或其他电子格式,5% 仍来自提交的纸质信息。

英国的 BDS 外包了大英图书馆的 CIP 业务,每年提供 7.5 万条记录,并提供 ONIX 到 MARC21 的对照。

OCLC 在美加两国有 70 个元数据专家与编目员,为特藏及出版社、书商创建记录。

另外主要拥有期刊元数据的 CrossRef 有 160 万图书 DOI,Serials Solution 有 100 万电子图书记录。

●批发商:最大的批发商 Baker & Taylor 和 Ingram 数据库年增长 10% 以上。虽然年出版新书约 20 万种,但新记录估计达 70 万,因为不同格式与版本要有独立的记录。

●国家图书馆:LC 专业编目员创建或升级了其 35 万条记录中的 80%,BL 则为 26 万条记录中的 55%。据估计,WorldCat 记录的 65% 是简编记录(难怪 OCLC 要开放"专家社区",让更多编目专家帮助提升 WorldCat 的质量)。

●Google:Google 数字化成千上万图书,在 ONIX 与 MARC 中取质量高的记录。有不少图书馆员在 Google 工作,Google 也与 OCLC 合作。Google 还在开发区分相关作品的算法。

Metadata Workflow

元数据工作流程,包括 ONIX 及 MARC 标准,以及书业与图书馆界在元数据质量控制方面的努力。

Opportunities

未来的机会,包括标识符、主题表及最佳实践

●标识符:包括作者、个别作品、丛编与相关作品,相当于编目界的名称规范、丛编题名规范,以及 FRBR 中的作品概念。

唯一标识文本作品的"国际标准文本码"ISTC(International Standard Text Code)已是国际标准 ISO 21047。

作者标识符目前有"国际标准名称标识符"ISNI(International Standard

Name Identifier),还是草案(Draft ISO 27729)。

● 主题表:美国书业采用 BISAC,50 大类 3000 多小类;英国书业采用 BIC;图书馆界采用 LCSH、Sears 及 MeSH。

● 最佳实践:14 项建议,特别注意的有:

第一条:使用 ONIX 与 MARC 的对照,方便创建 CIP,并向出版社提供 XML 的 MARC 数据。

最后一条:探索把目前的 ISTC 和未来的 ISNI 标准集成到当前工作流程的方法,促进其被采纳。前者可用于创建作品间关联,后者可提供作者的规范控制。(或许未来的 MARC 书目记录中会加入 ISTC,规范记录中会加入 ISNI。)

集中同一作品的不同内容表达、载体表现,对于出版发行者来说,可能比图书馆更为重视。因为多卷书(整套或各单册)、不同载体(如电子或纸质)甚至不同装帧形式(如精装或平装),由于销售方式、销售价格不同,对书商来说需要使用不同的记录。这是以前没有想到过的 ONIX 数据与 MARC 数据的一个重要差别。

无论如何,充分利用供应链上游的数据,将会是未来图书馆编目工作的发展方向。LC 对书目控制未来工作组报告的回应,表明 LC 计划继续参与 ONIX 开发,并将关注从 ONIX 中抓取数据的机会。而 OCLC 的出版社 ONIX 元数据强化服务,从形式上看是为出版社提供服务,实质上也为 WorldCat 取得了大量由 ONIX 元数据转换而来的 MARC 数据。

白皮书正文末是 Judy Luther 与 30 位业内代表交谈后,绘出的图书元数据交换图,反映图书供应链中各方及与 ONIX、MARC、DOI 3 种元数据的关系,标示出对数据进行质量控制的部分。

(2010-01-03)

MARC、MARC，为什么不死？

MARC 生死之辩是近年来编目研究领域的热门话题之一。MARC 开发始于 1960 年代前期，1969 年美国国会图书馆正式发行 MARC 格式磁带，至今已超过 40 年。MARC 之所以能够生存至今，一个重要的原因是其不断地修订，不仅字段、子字段随载体变化、环境变迁加以调整，各种简化著录标准如核心级、访问级标准也在慎重讨论后正式出台。针对 2709 格式需要专门软件转换才能应用的局限，XML 格式的 MARC 应运而生，方便 MARC 数据在互联网上的复用。

用得最多的 33 个 USMARC 字段

这是早些年的一个 USMARC 字段出现频率统计数据(http://www. allegroc. de/formate/formneu. htm#top33)。

"allegro-c 图书馆软件"(allegro-C Software für Bibliotheken)对 1997 年前共 400 多万条 USMARC 记录进行了统计,平均每条记录用 18 个字段。出现频率超过 1% 的共有 33 个字段,据称另外还有 60 多个字段出现过。两者合计,出现过的大概就 100 个左右,而据统计 USMARC 字段当时为 330 个(?),现在是 200 来个,看来还有削减的余地。

根据这个统计数据,现在学 MARC21,重点掌握以下 33 个字段,可算抓住了要害。或许结果并不意外,目前编目系统设置的专著原编模板,大体也就是这些字段,只是以直观的数据予以表示。

下表依出现频率为序,四栏数据分别是出现率、可靠性(Z,可用于确认书目记录)、字段和都柏林核心元素。

出现率		字段	DC 元素
100%	Z	245	TITLE
	Z	260	PUBLISHER
	Z	300	???
		050	SUBJECT
	Z	008	LANGUAGE
			TYPE
95%		650	SUBJECT
72%	Z	100	CREATOR
67%	Z	020	IDENTIFIER
		500	DESCRIPTION
63%		082	SUBJECT
50%		043	COVERAGE
49%		504	DESCRIPTION

43%	Z	700	CONTRIBUTOR
25%		651	COVERAGE
18%	Z	250	???
		710	CONTRIBUTOR
		490	RELATION
17%		440	RELATION
14%		600	SUBJECT
9.4%		740	TITLE
8.2%		830	RELATION
7.3%		110	CREATOR
(7%		041	=008/35-37) LANGUAGE
6%		610	SUBJECT
4%		520	DESCRIPTION
3.8%		130	TITLE
3.3%		505	DESCRIPTION
2%	Z	111	???
1%		653	SUBJECT
		655	SUBJECT
		630	SUBJECT
		060	SUBJECT
		810	RELATION
		730	TITLE
		533	RELATION

上述统计数据中包含大量旧记录,与目前所用 MARC 字段情况显然有一定的出入。比如 740 比例高达 9.4%,而 246 却没有上榜,就是 MARC 格式一体化之前大量记录留下的痕迹。再比如 856 字段,1997 年该字段才刚出现,据称总共只统计到 56 次,但如果套录近些年的 LC 记录,出现频率还是相当高的。

上述统计数据原文后有对 DC 的看法,可以参见文首的链接。如果和我一样看不懂德语,可以请 Free2Professional Translation 来翻译:http://ets. freetranslation. com/。

(2005-04-20)

重要更新(2005-09-02)：原题"TOP 33：The 33 most frequently used fields in LC USMARC data"，实际应为 35 个字段。

ISO 25577：2709 格式的 XML 兄弟即将问世

ISO 2709 用于 MARC 数据的交换已有三十多年历史。虽经多次修订，但孕育于数据顺序读取的磁带环境下的 2709 格式，对网络环境明显不适应。有鉴于此，美国国会图书馆在几年前开发了 MARCXML，即 MARC21 XML Schema，以 XML 格式表示 MARC 记录。现在，以 MARCXML 为基础，一种与 2709 格式兼容的新的 MARC 数据交换格式正在研制的最后阶段，预计将于 2006 年正式成为 ISO 标准，它目前的名称是：

ISO/CD 25577 Information and documentation—MarcXchange

该标准由丹麦在 2004 年发起，丹麦国家图书馆规范部的 Leif Andresen 和丹麦图书馆中心的 Tommy Schomacker 是开发该标准委员会的共同主席。丹麦国家图书馆规范部维护着 MarcXchange 的主页，称 MarcXchange 是对 ISO 2709 格式的补充。网站上有相关资料，英语为主。

美国国会图书馆网络开发与 MARC 标准办公室主任 Sally H. McCallum 在 MARC 邮件组中，对 MarcXchange、2709 格式及 MARCXML 之间的异同，作了很好的说明。大致是这样的(非完全翻译，带本人理解)：

MARCXML 依照图书馆通用的 MARC 格式，规定字段指示符为 2 位、子字段标识符为 1 位(不含 $)，但修订后的 2709 格式对字段指示符与子字段标识符的规定均为最高 9 位。MarcXchange 修订 MARCXML，与 2709 格式兼容，但并不因此与 MARCXML 冲突。

与 ISO 2709 不同的是：

(1)对 < 记录 > 元素附加"格式"属性，标识机读目录的执行格式，如 MARC21、UNIMARC、CNMARC 等。(无需看记录字段，就可以知道记录的格式了；避免人工判断。ISO2709 修订时为何未考虑这一点？头标中空位还有着呢。)

(2)对 < 记录 > 元素附加"类型"属性，标识记录的种类。如 MARC21 格式

77

有书目、规范、属性、分类与社团 5 种类型。MARCXML 已经附加了此属性。(无需分析记录头标,就可以知道记录的类型了;避免人工判断。对 ISO2709 的疑问同上。)

(3)00X 字段除可置于 < 控制字段 > 元素外,也可作为 < 数据字段 > 元素。

可以预计,今后图书馆计算机集成系统及编目软件不但要支持 2709 格式的导入、导出,而且还要支持 25577 格式。或许出现直接使用 25577 格式的书目数据库也未可知。

参见:

主页:MarcXchange(http://www.bs.dk/marcxchange/)

相关报道:ISO Standard for MarcXchange In Development. NISO Newsline (August 2005)

(2005-09-05)

简化 MARC21

刚过去的十月,LC 的 MARC 标准主页上的 MARC 论坛讨论热烈,最热的话题就是减少 MARC 字段数(Reducing number of MARC fields?)和简化 MARC21 (About simplifying MARC)。

事情由九月末论坛中的活跃人物 J. McRee(Mac)Elrod(Special Libraries Cataloguing Inc.)介绍一项 MARC 内容标识符使用研究而起(The MARC Content Designation Utilization Study)而起。他介绍说,对 40 万条 MARC 记录的分析,在 MARC21 近 2000 个字段及子字段中,小于 50% 的仅出现一次;36 个字段与子字段覆盖所有使用的 80%。他认为这些发现会支持简化 MARC21。

实施此项研究的北德州大学图情学院助理教授 Shawne D. Miksa 博士立刻说明,目前只是一个测试,未来将分析 OCLC 的 WorldCat 中 5600 万条记录。

尽管他说明研究目的不是对 MARC 使用作出任何判断以至于简化 MARC,只不过是为未来对 MARC 的决策提供经验数据,但仍激起了最热烈的讨论。

编目员一讨论起"字段",就没完没了,众说纷纭,我一见就头痛不已,只略看了几篇。

以前就想过 UNIMARC 是如何炼成的，与 LCMARC 有那么多的不同。应该不是横空出世，是不是设计 LCMARC 时建议未被接受，失意之余重起炉灶，弄得现在两种 MARC 格式差异如此之大？

在 UNIMARC 建立之后，好像根据 LCMARC/USMARC/MARC21 改了一些。比如跟着增加 856 字段，比如 4XX 连接字段由 $1 嵌套方式，改为可选择采用 $a $t 等子字段方式。早知今日，何必当初？

不过，三十年河东、三十年河西，大概到了 UNIMARC 咸鱼翻身的日子了。

在这次讨论中，UNIMARC 的东西就被翻出来不少，希望 MARC21 能依此改变。比如不著录 ISBD 的标识符（字段结束是不是要加点自然也不是问题了），比如 ISBN 字段后面用子字段标明装帧方式（而不是直接用括号），比如题名与责任方式增加一些子字段以明确说明各著录单元。

前面两项我赞成，一个是简化著录，一个是简化索引；后一项那就是自找麻烦了，纯著录用，又不提供检索，为什么要增加子字段？真没想到，简化 MARC 的讨论，复杂化竟然也堂而皇之登场。

(2005-11-05)

德奥两国改用 MARC21 格式

ALA 冬季会议期间，德国国家图书馆的 Reinhold Heuvelmann 在 MARBI 会议上发布信息，说明德国与奥地利图书馆正在改用 MARC21。会后 Reinhold 应建议将有关内容发布在 MARC 论坛上：

德、奥两国原来使用 MAB 作为书目数据的交换标准（同样基于 2709 格式），著录依据 RAK（描述性编目规则）和主题标引依据 RSWK（主题标目规则）。MAB 由德国国家图书馆维护。

近两年 MAB 开始国际化进程，包括采用 Unicode、FRBR 及 MABxml。2001 年开始讨论放弃 RAK 与 MAB，转用 AACR2 和 MARC21。2002—2004 年，实施 AACR 和 MARC21 的可行性研究与分析，并于 2004 年 12 月作出决定，用 MAB 代替 MARC21。

改用 MARC21 的目标与理由：
- 方便访问国际书目数据；
- 使德语图书馆的数据在世界范围内"可见"；
- 更便于混合不同来源的书目数据；
- 进入 MARC 共同体；
- 利益于基于 MARC 的开发；
- 引入德奥两国的经验；
- 升级时对图书馆系统有更多的选择。

困难与风险：
- 避免：失去所需信息与功能；
- MARC21 并不提供所有 MAB 的数据结构（如记录链接）；
- 转向 MARC 不是免费的；
- 德、奥对 MARC21 了解不够。

步骤与方法（略）。

已经完成与接下来的步骤：
- 初始 MARC 培训完成，将作进一步培训。
- 关于集合性著作的推荐做法：1. 丛编各卷单独做记录；2. 记录必须尽可能完整；3. 为丛编做附加记录。
- 下个月做 MAB 到 MARC21 的映射，计划今年夏天前给出最终版本。
- 下一步将完成翻译。
- 已经完成字符集映射。

计划在 2007 年初做好准备。从那时候开始，德奥图书馆将转用 MARC21。

最有意思的是，他们还没有给计划一个正式的名称，但有一堆设想，征求大家的建议：

Change for MARC21

Moving to MARC21

Transition to MARC21

Switching to MARC21

Meta-Exchange（i. e. Exchange of the exchange format）

论坛中对德奥两国是否同时采用 AACR2 有疑问，因为 AACR2 本身日子已经不多了。Reinhold 的回复是，德奥将修订自己的编目条例 RAK，因而正积极参与 AACR2 的修订。不过该计划的网页名称却是"Changing for International

Formats and Codes（MARC21，AACR2）"？看不懂德文，不知道其最终报告中是如何表述的。

（2006-02-13）

MARC、MARC，为什么不死？

最近正想把放在 TPI 学位论文库中的元数据导出，转入本馆的书目系统。要转入图书馆的书目系统，必须是 MARC 格式，而 TPI 只有导入 MARC，没有导出 MARC，所以必须自行编制处理程序，把原来的元数据转成 MARC 格式，心里很是不爽。

正巧 Keven 在咒它，愿 MARC"永垂不朽"。或许"MARC 必须去死（MARC Must Die. *Library Journal*，2002-10-15）"，可它竟然如此不知趣，不肯自行退出历史舞台，需要别人来将它杀死（Murdering MARC）？

讲到 MARC，必得话分两头。一头是 MARC 记录格式，也就是标记系统，如200、245 这样的字段，$a、$3这样的子字段；另一头是 MARC 交换格式，也就是所谓的 ISO 2709 格式。

以 TPI 元数据转换为例，要做两方面的处理。首先是一头，先做一个对照表，把需要的 TPI 元数据对应到 MARC 的字段、子字段。为生成完整的 MARC 记录，还必须添加一些 TPI 中没有的元数据。其次是另一头，让转出的元数据经处理后，形成 2709 格式。

Keven 说："抛弃 MARC 最大的阻力应该来自图书馆所拥有的书目数据，以及业已装机的、成千上万的图书馆自动化系统。"在我看来应该不是。理由是：

（1）图书馆所拥有的书目数据多半是 2709 格式的，这种格式只要编制合适的程序，可以很方便地批量转换成其他形式（反之倒未必）。

（2）目前没有图书馆自动化系统（ILS）会以 2709 格式存储书目数据供检索。2709 格式只是一个交换数据的标准格式，系统将 MARC 数据导入后，多半以某种数据库形式存储数据。

（3）为提供检索，ILS 需要在 MARC 数据导入时对各字段、子字段做索引。一个字段、子字段可以做成多个索引，如200$a题名可以做题名索引，也可以做关键词索引;不同字段、子字段可以做成一个索引,如 CNMARC 的200\$a 和 MARC21 的245\$a 都可以做在题名索引中。因此 MARC 数据在转入系统后,如果不考虑数据转出的要求,无需保留原有的标记系统。

(4)如果有可以替代 2709 格式的标准,只需更新 ILS 的数据导入部分,系统就可正常运行。

(5)ILS 中的书目记录编辑部分可能是需要做最多修改的部分,但基于以上"(3)"的原因,系统应当不需要完全重写。如 Innovative 系统在新建或编辑记录时,就可以不使用 MARC 格式。

MARC 的确是个老古董了,与它同时代的计算机应用怕没几个还活得这么滋润的。这个,自然有它的理由。比如 MARC 是文本格式的,在四十年后的今天仍然可以用机器正常读出(虽然仍难看懂)。但我想最直接的理由,就是还没有制定出一个可以替代它的公认标准。

美国国会图书馆(LC)早就制定出了 MARC XML,把 2709 格式的 MARC 21 变成了可由通用(而非图书馆专用)软件处理的格式。RedLightGreen 大概是第一个参照 LC 标准转换书目数据,实现 FRBR 集中同一作品功能的网上书目数据库了——顺便提一句,由于它的主人 RLG 被并入 OCLC,RedLightGreen 不久将会被关闭,想了解它的得尽早去看。

也有其他 MARC 的 XML 格式,只是大家都不急着推广它们成为标准。理由不会是国际图联(IFLA)不尽心吧?

喜欢传统 MARC 的人对 XML 不感兴趣,而喜欢 XML 的人则对 MARC 的字段、子字段不感兴趣,或许这才是真正的原因。

我对 MARC XML 很有兴趣,并期望它能成为未来的书目元数据标准。理由当然不能是我熟悉那些字段、子字段。MARC 的字段、子字段用在一般人看来莫名其妙的数字、字母,其实正是其优势所在。因为它没有语言障碍,更重要的是没有文化障碍。在英语优势的环境下,应该是很重要的一种考虑。它比其他用自然语言做标识的元数据更有优势,可以作为中介语,直接对应至各国语言。

也就是说,我希望保留 MARC 记录格式,而以 MARC XML 作为 MARC 交换格式标准,取代 2709 格式。

当然,MARC 记录格式本身还有两方面的问题需要改革:

(1)MARC 记录中很有一些冗余数据,是当年计算机处理能力有限时遗留下来的,有必要加以改革。

(2)最令人痛心的是,MARC 记录格式众多。比如目前国内一般中文用源自 UNIMARC 的 CNMARC,西文用 MARC21;而在日文,CALIS 用 CNMARC,国图似乎用 MARC21。

也该是统一的时候了——国际上,英国已放弃 UKMARC 改用 MARC21,德奥两国也在准备采用 MARC21。本来 IFLA 当年不以 USMARC 为标准,另起炉灶制定 UNIMARC 就是一个大错,至今仍抱着 UNIMARC 不放岂不是一错到底?

(2006-09-09)

更新(2006-09-14 21:00)

把博客当成笔记本,写完就忘记了。刚才看别的东西,忽记起其实早已有人在筹划一个可以替代 2709 格式的 XML 国际标准了,这个名为 MarcXchange 国际标准是对 MARCXML 的修订,原说是今年完成的。(参见差不多一年前写的"ISO 25577:2709 格式的 XML 兄弟即将问世"。)

最新进展是,7 月 24 日结束了投票,不知结果如何。可下载 ISO/DIS 25577 Information and documentation—MarcXchange 的正式投票版。

MARC 访问级记录(Access Level Records)

一年多前,曾关注过访问级记录(Access Level MARC Records),这是美国国会图书馆对网络资源进行书目控制计划的一部分。概括地说,就是在进行规范控制、提供主题检索途径的前提下简化编目,也就是在最小级记录与完整级记录之间,确立一个中间层次的记录等级。

合作联机连续出版物编目项目(CONSER)于 7 月 24 日推出了《连续出版物访问级记录工作组最终报告》。这是一份完整的报告,有详细的摘要(Executive Summary),可以对访问级记录的各个方面有概要的了解;有详尽的附录 A-P,看完后既可以直接应用访问级进行编目,还可以了解编目改善计划的一整套程序——当然对没有决策权的普通人,最直接的收益就是可以写文章投稿了。

Access Level Record for Serials Working Group Final Report
http://www.loc.gov/acq/conser/alrFinalReport.html

连续出版物访问级记录工作组最终报告

July 24, 2006

Table of Contents

Executive Summary

Text of Report

Introduction 导论

Background 背景

Record Objectives 记录目标(功能、费用效益、符合现行标准)

The Mandatory Element Set 必备元素集

Cataloging Guidelines 编目指南

Pilot Projects 试验方案

Pilot Project Statistics 试验方案统计

Time Study Results 时间研究结果[节省时间]

Record Acceptability 记录可接受性

Other Survey Data 其他调查数据(编目员、评论者的反应)

Pilot Study Factors 试验研究因子

Applicability to Copy 套录编目的适用性

Display Issues 显示问题

Recommendations 建议

Conclusion 结论

Appendices (pdf except where noted)

A：Background and Charge 背景

B：Participants 参与者

C：Core Data Set 核心数据集

D：Mandatory Element Set 必备元数集

E：Cataloging Guidelines 编目指南

F：Brainstorming Results 头脑风暴法结果

G：Pilot Project Instructions 试验方案指导

H：Pilot Survey Questions 试验调查问题

I：Cataloging Survey Data 编目调查数据

J：Record Review Survey Data 记录评价调查数据

K：Survey data spreadsheet (Excel) 调查数据表

L：Display Issues 显示问题

M：Cataloging Rules/R. I. s/Practices Recommendations 编目规则/
规则解释/实践建议

N：MARC21 Recommendations 机读格式建议

O：Sample draft pages：CONSER Metadata Application Profile 样例
草案

P：Sample records 样例记录

需要注意的是，该报告是针对连续出版物的，与之前 LC 实施访问级记录计
划的内容有所不同。或许也是某种程度的更新？LC 实施计划中的文件最初是
2004 年 8 月的，2005 年作过更新，那时 MARC 记录头标第 17 位还规定访问级
用"3"。

LC Implementation Plans for Access Level MARC/AACR Records

http：//www. loc. gov/catdir/access/accessrecord. html

国会图书馆实施访问级记录计划

11/12/04（rev. 06/23/2005）

Background 背景

Developing "Access Level" 开发"访问级"

Testing "Access Level" core data set and guidelines 测试"访问级"核心数据
集与指南

Future plans for implementing "Access Level" 未来实施"访问级"计划

More Information 更多信息［除指明外均 PDF］

Results of the Access Level Test（PPT）访问级测试结果

Mandatory Data Elements 必备数据元素

Draft Cataloging Guidelines 编目指南草案

Original Project Report 计划报告原本

Core Data Set 核心数据集

ALA 2005 年会报告 PPT（by David Reser）：

It's all about Access！Defining an Access Level MARC/AACR Record 关于"访
问"：定义访问级 MARC/AACR 记录

Defining an Access Level Record for Remote Access Electronic Resources 为远
程访问电子资源定义访问级记录

快速了解除以上两个年会 PPT 外,另可参见:

Renette Davis:Access Level Records for Internet Resources

(2006-10-08)

书目记录的 856 字段:我们还需要吗?

由于万维网的发展,OPAC 进化到了 WebPAC,点击链接成为联机目录的重要功能,856 字段在此背景下应运而生。通过 856 字段,我们可以直接连到文献的电子版,也可以连到文献的相关信息如目次、介绍等等。856 字段可称 MARC 与时俱进的重要标志。

不过,856 字段也有致命弱点:网址需要不断地维护。互联网上的信息动态性太强,可能链接到的信息已经不存在,或者信息的网址发生变化。提供 856 字段的目的是为了向用户提供更多的相关信息,如果听任失效链接的存在,将大大影响用户体验。而当书目库中积聚了太多 856 字段后,如何维护是很令人头疼的问题。

我们的图书馆集成系统每月都会发出一个有问题链接的报告,数量往往达 4 位数之多。其中有的可能是因网络连接不畅的误报,有的则可能是永久性的失效。我曾经尝试处理,最终还是放弃了。

上个月到复旦大学图书馆访问,询问他们在文章中曾提到的把数字化文献的链接放在 856 字段的问题。原来他们现在已经不再做了,代之以在 OPAC 显示中嵌入链接,用程序实现。

虽然由于一些考虑,他们只对部分数字资源作了链接,自己数字化的资源部分并没有做,但仍使我联想到 856 字段的未来。看那些 Geek 手下的 OPAC,如 AADL 的目录,根据书目信息,链接到那么多的相关资源,靠的并非 ILS 提供的 856 字段链接,很多都是采用最时髦的混搭(mashup)。另外,如 SFX 之类的链接解析器,也能够在书目记录之外,提供相关链接。

程序当然不能提供所有链接。但现在,资源库遵循 OpenURL 标准,或提供可推测的对象 URL 地址成为越来越通用的做法,提供 Web 服务的也越来越多。这样,如果资源库网址变化,只要简单地对程序作个小修改或改变一下设置,就可以即时更新链接,而无需逐个(或批量)更新 856 字段。

美国国会图书馆(LC)有一个书目记录强化计划,前些年在很多书目记录中都链接了目次信息,但今年改变做法,代之以将扫描识别后的目次直接放在书目记录中。856 字段又少了一个用武之地。

不知道这是不是 856 字段衰败的一个征兆?

(2007-01-08)

《中文图书标识数据》的指示符问题

耄耋少年在"元数据研究思考(1)"中认为,MARC 格式中的字段指示符实际上并没有用,并指出《中文图书标识数据》征求意见稿虽然用 CNMARC,但是不用字段指示符,不知道图书馆界是否会认可。

从 MARC 格式看,MARC21 的字段指示符表达的含义其实还是比较丰富的,如说明题名的出处与类型(封面、书脊等),说明附加责任者/题名的类型(相关或分析)等。相对而言,UNIMARC 及与之兼容的 CNMARC 的字段指示符确实用处不大,因为 UNIMARC 或者用不同的字段来表达不同的含义,或者干脆就不加区分(如相关题名、附加责任者等不区分是否为分析)。这就形成了 UNIMARC 的指示符基本上都用缺省值的局面,所以一般看来,不用也不会产生什么大的麻烦。

从书目数据角度,对数据质量有要求的图书馆,从出版发行渠道来的数据基本上是弃之不用的;对数据质量没什么要求的图书馆,哪怕直接由 EXCEL 表转换来的书目数据也照用不误。至于两者在质量及使用效果上的差异肯定是存在的,但相关的调查怕是很难进行,也没有见到过详细的分析。

标准固然应该与时俱进,但也要考虑与国际标准的兼容,毕竟我们的书目数据还是有与国外数据进行交换的需要的。在 UNIMARC 没有改变之前,要求 CNMARC 先行创新,恐怕难以实现。

以我之见,如果《中文图书标识数据》要用 CNMARC 格式,为了看上去更"专业"一些,让推广更顺利或者说得到图书馆编目界的认可,还是应该用指示符——都用缺省值就行了,不过就在标准各处多加一项,说明某某字段用什么指示符而已。有点小麻烦的是,个别字段的指示符国图与 CALIS 有差异,需要先行协调确认。

回到《中文图书标识数据》采用 CNMARC 与 DC 这个问题。我还是以为类似标准采用国际通行标准如 ONIX,今后配套转换程序更好。ONIX 中大量的电子商务数据,有助于提高出版社采用的积极性。

虽然我不了解情况,但把当初 CIP 没有用 CNMARC 当做 CIP 数据未能广为采用的主要原因,怕是说不过去的。如果有心推广使用 CIP 数据,做个转换成 CNMARC 的程序,那还不是小菜一碟?

(2007-02-03)

2.0 时代究竟是让 MARC 安乐死还是让 MARC 继续活?

"2.0 时代究竟是让 MARC 安乐死还是让 MARC 继续活",这是刚刚开过的 Web2.0/Lib2.0 第三次研讨会上,"技术酒徒 PK 人文烟鬼"的话题之一。其实"MARC 安乐死"在第二次会议上就曾列为话题,但最终未加讨论。

海峡对岸的 Debra 对此议题颇为关注,在预告此次会议的博文中,专门列出了十来篇前二年讨论此话题的博文。会前看到 Debra 博文,依链接重温了相关文章,算做会前功课。看完确信 PK 的二位对手——技术酒徒 Keven 和人文烟鬼竹帛斋主对此议题根本无须 PK,因为事实上他们的观点是完全一致的,都不想让 MARC 好好活。

会上的 PK 规则是先陈述话题的一方为正方,另一方必须是反方。当 Keven 重申他关于让 MARC 安乐死的一贯立场后,斋主就迫不及待地表达他想要 MARC 速死的立场,引得 Keven 缴械投降——印证我的看法不虚。Keven 知道实际上是无法让 MARC 速死的,才退而求其安乐死——其实医学上的安乐死,虽然名称看着温柔,相对于自然死亡而言正是一种"速死"。

当明确只能在"安乐死"和"继续活"中择一后,作为反方的斋主观点马上来了个 180 度大转变,陈述一通必须让 MARC 继续活的陈芝麻烂谷子的理由。

《列子·说符》中的故事:"人有亡斧者,意其邻之子。视其行步,窃斧也;颜色，窃斧也；言语，窃斧也；运作态度，无为而不窃斧也。"我就是那个亡斧者，看那些新出现的元数据，怎么看都是偷了元数据的老祖宗——咱家的 MARC。最典型的就是 DC——Keven 称之为 MARC 的阴魂——元素相当于字段（栏位），限定词相当于子字段，等等。如果 MARC 死去，有什么元数据可以代替吗？DC 语法不断地修修补补，显示其即使对文献描述也不尽适应。ONIX？比 MARC 更复杂呢。

其实对于文献描述，需要质疑的不仅仅是 MARC。大部分人只看到用 MARC 做成的书目记录，把 MARC 当成了文献描述存在问题的症结。雨僧在"图书馆 2.0 和 MARC 之安乐死"中提到了问题的两个方面：语法孤立性（2709）和语义模糊性（AACRII），可惜对后者只列了个标题，没有展开。AACR2 将发展为 RDA，可视为文献编目在互联网时代的一种自救，结局如何尚不可知。

如果就事论事，只谈 MARC 的未来，就是我在会上表达的意思，MARC 还会继续活下去，但是要变——（内容）简化，（交换格式）XML 化。

很多对 MARC 不适应网络时代的争议，都集中在其 2709 格式。但 2709 格式不过是一种交换格式，XML 化正是现阶段适应 Web 的一种必然趋势。美国国会图书馆（LC）早些年即已建立了基于 MARC21 格式的 XML 化交换格式 MARCXML，并有了一些相当不错的应用，现在很多新型 OPAC 也基于此。而适应所有 MARC 格式的 XML 交换格式 MarcXchange，早在 2005 年即已走上成为国际标准 ISO 25577 之路。原来由丹麦图书馆机构承担联系的 ISO 25577，自从 2007 年 3 月进入成为正式标准的最后阶段（40.99 状态），似乎主要由于嵌套字段方面的问题，止步不前。但 2007 年 11 月，LC 成为该标准的维护机构，让人看到了本标准的良好前景。

我的观点是：MARC 还要继续活。我的结论是：MARC 还会活得比较好。

参见：
秋声 Blog：大陆 Web2.0/Lib2.0 研讨会及 MARC 议题
ISO 25577：2709 格式的 XML 兄弟即将问世（2005-09-05）
MARC、MARC，为什么不死？（2006-09-09）

（2008-04-14）

PCC 实施废除 440 字段

合作编目项目(Program for Cooperative Cataloging)发布"PCC Guidelines for Field 440"(1 页 PDF),建议成员馆从 2008 年 10 月 24 日起废除 440 字段,以 490 1 代替。

490 字段第 1 指示符"1"的新定义:

1-Series traced in 8XX field

New Definition:

When value "1" is used, the appropriate field 800–830 is included in the bibliographic record to provide the series added entry.

改变 440 字段的建议早在 6 月 6 日即已提出(MARC Proposal No. 2008–07)。背景声称是由于 440 字段既是丛编描述又是规范检索点,其实这又有什么关系呢? LC 不再维护丛编规范记录,使 440 没有存在的根基才是真正的原因。讨论中曾想取消 490"1",但由于大多数图书馆的丛编索引取决于 490 第 1 指示符,最终确定从文字上修改第 1 指示符"1"的定义。

如果取消 490"1",对编目员来说就省事了,直接在 8XX 字段著录就是了,而按现在的决定,是要在 8XX 重复。大部分情况下,书上的丛编描述与丛编规范是一致的。

由于丛编规范名不再存在,同日提出的另一项与之相关的建议(MARC Proposal No. 2008-06)是在 800—830 及 490 中增加 $3,说明所用丛编名适用的范围或时段。看实例比看说明省事得多:

例一:

830 #0 $3 1980: $a DHEW publication $x 0090–0206

830 #0 $3 1982– $a DHHS publication $x 0276–4733

例二:

830 #0 $3 < May 1986– > $a Tourism research series.

例三:

830 #0 $3 v. 1–8 $a Collection Byzantine $x 0223–3738

830 #0 $3 v. 9 $a Collection des universités de France $x 0184-7155

例四：

490 1# $3 <1981- >：$a Reference works

830 #0 $a Reference works.

例一、例三的两条 830 字段应该是分别出现在两条不同的书目记录中的，而例四的则是同一书目记录中的两个不同字段。由此也可以看到 490 与 830 其实是完全一致的。

背景：

2006-04-20　LC 宣布停止对丛编的规范控制，2006 年 5 月 1 日实施，网上反对签名达 3495 个

2006-05-04　LC 宣布推迟到 2006 年 6 月 1 日实施

2006-05-11　LC 专业人员协会执委会通过"对 LC 管理层停止生产丛编规范记录生产的决议"

2006-06-01　LC 停止创建丛编规范记录

（2008-10-25）

MARC 之母亨丽埃特·艾弗拉姆

　　当机读目录（MARC）被介绍进来的时候，我们还处于集体主义时代。于是我知道 MARC 是由美国国会图书馆（LC）开发的，却不知道、也没有想过了解它的开发者是谁。直到今天，才后知后觉，原来是一位女士——亨丽埃特·艾弗拉姆（Henriette Avram，1919.10.07-2006.04.22）。

　　艾弗拉姆 1950 年代在美国国家安全局（NSA）工作，成为第一代编程员。后来在私企做系统分析与编程时，经由一个设计计算机科学图书馆的项目而了解图书馆，并被引介至 LC 卡片部（Card Division Service）。她还为 OCLC 之父 Frederick Kilgour 做过咨询，当时 OCLC 开始尝试计算机化书目信息。

　　1965 年艾弗拉姆得知 LC 有一个空缺，最终得以受雇为信息系统专家办公室的系统分析员。她的第一个任务是分析如何用计算机处理编目数据。凭借在国安局的训练，"在提出计算机解决方案前，彻底理解主题是首要条件"，她和

两个图书馆员一起,仔细检查卡片记录中包含的信息,过目数百种不同语言的百万级条目;她也研究 ALA 规则(当时还没有 AACR2)及 LC 排片规则,尽可能了解书目控制的方方面面。在彻底检查了书目记录的每个部分后,她将之翻译为一套字段,具有名称(标签,也就是 3 位数字)、处理方式(指示符)及部分(子字段)——MARC 由此诞生。

有了 MARC,得以把卡片目录转换为计算机目录,使千里之外联网查询目录成为可能。艾弗拉姆也因此成为图书馆界迈向信息科学的关键人物。

为使 MARC 得到广泛采用,艾弗拉姆致力于使之成为标准。先是与美国图书馆协会(ALA)和美国国家标准协会(ANSI)一起,使 MARC 在 1971 年成为国家标准;继之继续游说,使 MARC 在 1973 年成为国际标准(ISO2709)。由于她的努力,"MARC 现在成为全球图书馆自动化与书目交流的基础"。尽管她从未打算做一名图书馆员,却成了"图书馆自动化和书目控制方面的杰出人物"。

艾弗拉姆还是关联系统项目(Linked Systems Project)的最初规划者之一,孜孜不倦地推行以国际标准连接存储于离散计算机系统的数据库的理念——不知道这种概念现在叫什么,是否还存活?

艾弗拉姆在 1967 年成为 LC 的信息系统副协调员,继续领导 MARC 试验项目(MARC Pilot Project)直至 1968 年 6 月结束。1969 年 3 月起领导 MARC 发行部,并开始回溯转换试验项目(RECON Pilot Project)——MARC 的回溯转换工作,至今仍未完成,是她职业生涯中"唯一失望的经验"。尽管如此,凭借其工作热情、外交手腕及领导能力,她在 LC 逐渐高升,至 1983 年成为副馆长,直到 1992 年退休。

艾弗拉姆也是国际图联(IFLA)的积极参与者。她参加了大名鼎鼎的 1969 年国际编目专家会议,成为开发"专著国际标准书目著录 ISBD(M)"的一员。1970 年代,她还是 ILFA 内容标识符工作组(IFLA Working Group on Content Designators)主席,采用 ISBD 开发 MARC 格式的国际版 UNIMARC——是她的外交手腕让她兼容并包,没有主张用统一的 MARC 格式,还是她觉得随着计算机技术的发展,LC 的 MARC 有点落伍了?

自 1971 年到退休次年(1993 年),她获得了众多奖项和荣誉,1986 年台湾还给她授了奖。除了图书馆界的奖项,她还是 1974 年联邦妇女奖获得者(Federal Women's Award)。

按照美国图书馆界惯例,只有拥有图书馆学位的人才是 librarian,其他专业人员只能是准图书馆员。作为一名计算机编程专家,当 1971 年 ALA 授予她第一个奖项"玛格利特·曼分类编目奖"时，她的获奖感言是："从一开始……你们就欢迎并支持我。今天你们进了一步——你们接纳了我。"她后来对此的解释是，"在那一刻及其后，我视自己为图书馆员"。很自豪的口吻。

她的语录："我相信互联网是伟大的技术成就。但是，在组织信息——使我们能够定位、选择并区分严肃研究的书目项方面，互联网还有很长的路要走。"是的，但互联网走得比图书馆快。

她的另一条语录："在我看来，现在比以往更需要图书馆和图书馆员……在开发 MARC 过程中，我们需要两个天才，即计算机专家和图书馆专家，没有一个天才可以独自成功……图书馆员必须成为计算机学者，这样才能理解应用的技术及其与专业的关系。"可以视为一位计算机专家对图书馆员的期望吧。

艾弗拉姆 2006 年 4 月 22 日逝世，《华盛顿邮报》纪念文章的标题是"改革图书馆"（Henriette D. Avram：Transformed Libraries, April 28, 2006），《纽约时报》纪念文章的题目是"现代化图书馆者"（Henriette D. Avram, Modernizer of Libraries, Dies at 86, May 3, 2006）。早在四十多年前，图书馆就是由计算机专家来改革，并使之现代化的。不知道当年想到要雇佣计算机专家的，是什么样的 Librarian？

一直说自己是个没有历史感的人，此事又是一个例证。那年自己已经写博一年加半载，竟然不知道这位 MARC 之母辞世的消息，真有点不可思议。

注：基本信息编译自维基百科：Henriette Avram（文中含本人观点，请看官自行辨别）

(2009-10-09)

WorldCat 书目记录 2009 统计分析

OCLC 首席科学家 Thomas Hickey 在博客上发布了 2009 年 10 月 1 日的 WorldCat 书目记录统计（Bibliographic Statistics 2009），2007 年 3 月他也作过同样的统计。

在这两年半中，WorldCat 书目记录从 0.83 亿条飞升到近 1.46 亿条（不包括"worldcat. org"所含文摘索引数据库中的记录），增加了 80%。如此发展，当然不是靠人一条条做进去的。近年 WorldCat 批量加入了很多国家图书馆(包括中国国家图书馆)与大型书目库的记录,今天还看到"Credo Reference is adding MARC records to WorldCat",一加就是 300 多万条,当然不全部是新增,其中一些 WorldCat 中已有的,只是在记录中加一个可检索的来源标记。

与之相比,馆藏从 11.2 亿增长至 14.7 亿,3.5 亿也是一个惊人的数字。

特别有意思的另两组数字:MARC 平均记录长度从 803 字节下降到 785 字节,每记录字段数从 15.4 个下降到 14.9 个。恐怕大多数人看到这两组对比数字,都会想到这体现了书目的简化趋势。或许 Hickey 当初也是这么想的,但他还提供了另一组数字:不同的 MARC 子字段数从 1670 上升为 3278,几乎翻番。Hickey 认为,虽然增加了 6300 万条记录,也不至于会有这个结果。想来原因正是很多非美国编目记录的加入,或许原来所用 MARC 子字段与 MARC21 不尽相同,或许原来用 UNIMARC 家族的,转换为 MARC21 后对应到非常用的 MARC21 子字段。

在关于 MARC 的争论中,曾经有一点是 MARC 有那么多字段、子字段没什么人用。WorldCat 的这个统计或许说明,如果放大到全球,那么使用的子字段或许更多些。放着不用或没有用,总强过要用而无可用——这是编目员在分类或编目时经常头痛的事。

(2009-10-14)

在书目中实践 FRBR

国际图联于 1998 年出版《书目记录的功能需求》(FR-BR),2009 年 2 月发布新版。FRBR 内容大致可分为 3 个部分,首先将书目数据分析成 3 种实体即产品、责任与主题,分析各实体的属性与关系;其次通过用户任务(体现为书目记录的功能)评价各实体的属性;最后依据用户任务评价表,提出国家书目记录的基本需求。FRBR 自出版以来,逐渐成为编目研究热点。如何确定产品的 4 个层次即作品——内容表达——载体表现——单件,如何在目前扁平的 MARC 数据条件下实现书目记录的等级展现,也即"FRBR 化",则是新一代OPAC 的着力点。

FRBR 影响之 OPAC 应用

G 君问 FRBR 的影响体现在什么地方，从 IFLA 一心一意处处推广来看，这问题本身恐怕就是一篇论文很好的题材。

今天在看一本 Max Weber 没有原题名的中文书，忽然想试试自己能否根据译名查到原名。韦伯是个高产作者，兼而有名，同一作品不断出版，还有不同译本。如果只有普通 OPAC，结果怕有数百条，我是断无用 OPAC 查之念的。但因为之前用美国研究图书馆集团 RLG 的开放联合目录"红绿灯"（RedLightGreen）时，发现它对同一作品只提供一条检索结果，于是就用 RedLightGreen 试试。

RedLightGreen 检索界面如 Google 般简洁，输入"Weber, Max"，出现的结果（右栏）当然不是我所要的，应该是有关韦伯研究的作品。选左栏 Authores 中最前面的"Weber, Max 1864—1920"，得到 20 部韦伯的作品。如"红绿灯 RedLight-Green"所述，由于规范控制不严，另有"Weber, Max（19 部）"和"Weber, Max, 1864—1920（6 部）"，但基本包含在前面 20 部中（没有细作对比）。

现在这只要在这 20 部中选择就可以了，问题简单不少。为了比较，后来我用 LC 与 OhioLINK 分别查了"Weber, Max"，结果分别是 188 条和 429 条记录。真令人望而生畏！

RedLightGreen 就是 FRBR 模型的一个非常有效的应用实例。想一下如果是读者，想知道韦伯究竟有多少作品，如果查本馆 OPAC，或许结果数量不多，但得到的结果并不可靠；而如果查普通的大型联合目录 OPAC，他试过第一次后，还会有耐心用第二次吗？

OCLC 研究部也已做了多年的 FRBR 研究，其首席科学家 Thomas B. Hickey 在他博客的"FRBR Statistics"中说，最近在 OCLC 举行的 FBRB 研讨会上一个最共同的判断是，只有少数书目记录需要 FRBR 去聚合它们，并提供了最新的统计数据：WorldCat 中，88% 的作品只有一条书目记录。然而，如 Cliff 在评论中所说，对于有 5900 万记录的 WorldCat 来说，即使是少数比例的书目记录，绝对数也不是个小数字。

(2005-05-10)

书目记录 4 种实体的汉译

　　《书目记录的功能需求》(FRBR)将书目数据用户感兴趣的关键对象称作实体,分成三组,即产品、责任与主题。其中"产品"在《国际编目原则声明(草案)》中被称为书目记录的实体,而所有三组均为规范记录的实体。

　　作为书目记录实体的产品,包括 4 个层次:work—expression—manifestation—item。对于后三项如何翻译,我开始学习 FRBR 时很是斟酌了一番,最后将这 4 个层次译为"作品——表达——表现——文献单元"。后来发现中间两个与王绍平、王松林的翻译正好相反,只好试着转过来。但对于 work,因为包含的不仅是著述,也包含艺术创作,所以觉得"作品"比"著作"更合适。

　　不料,看到挂在《国际编目原则声明(草案)》官方网站的林明、王绍平、刘素清最新译法,似乎又与我原来的译法相近了。现将不同译法归纳如下:

	work	expression	manifestation	item
王绍平	著作	表现方式	表达形式	文献单元
王松林	著作	表现方式	表达形式	手边文献
林/王/刘	作品	内容表达	载体表现	单件
(本人)	作品	表达	表现	文献单元
日语	著作	表现形	体现形	个别资料

　　以上日语取自《国际编目原则声明(草案)》的日译本。日译对此 4 个术语也使用了汉字,而不是他们流行的假名,可作对比参考。

　　随着 FRBR 与"原则声明"影响的进一步扩大,这 4 个术语的使用将越来越普遍。不同汉译并存甚至互相对立,且各有拥趸者,显然不利于互相交流与沟通。林、王、刘对 work、expression、manifestation 的译法意义比较明确,作为大家今后采用译法应当是比较合适的。而 item 的译法似仍有探讨的余地,因为 item 有可能是一套多卷书、一个套件 kit 之类,用"单件"易产生误解。

附:林明,王绍平,刘素清译"IFLA 国际编目专家会议最终词汇表"对 4 种实体的定义:
作品 work:独有的知识或艺术的创作(对知识或艺术的内容而言)。

内容表达 expression：一部作品的知识或艺术表现。

载体表现 manifestation：一种作品之内容表达的物理体现。

单件 item：一种载体表现的单一样本。

相关文献：

《书目记录的功能需求》(英语 PDF：http：//www. ifla. org/VII/s13/frbr/frbr. pdf)

《国际编目原则声明(草案)》(林明,王绍平,刘素清译,中译本)

王绍平：编目工作的新观念、新方法——从《巴黎原则》到《书目记录的功能需求》(《图书馆杂志》2001 年第 9 期)

王松林：从 AACR2 的审议过程看描述性编目条例的未来(《图书馆学刊》2003 年第 1 期)

IFLA 国际编目专家会议最终词汇表(林明,王绍平,刘素清译,中译本)

(2005-05-20)

FRBR 博客

FRBR(书目记录的功能需求)相关研究与应用现在是越来越热了。原来 IFLA 就有一个 FRBR 邮件组,前几天,出现了一个 FRBR 博客。

加拿大多伦多 Miskatonic 大学出版社的 William Denton 说自己参加了 5 月在 OCLC 举办的 FRBR 研讨会(FRBR in 21st Century Catalogues：An Invitational Workshop),对 FRBR 极感兴趣。他认为一般人很难跟上 FRBR 的进展,所以决定建一个 FRBR weblog,"A weblog following developments around the world in FRBR：Functional Requirements for Bibliographic Records",主要提供相关动态信息及重要链接。Denton 期望在今后几个月中逐渐增加链接,使 FRBR 博客成为对大家(不仅是图书馆员)有用的资源。

Denton 于 6 月 27 日注册了"frbr. org"域名,当天在 IFLA 的 FRBR 邮件组发消息公开他的博客。

隔天 LC 的大腕 Barbara B. Tillett 就向 Denton 提供信息,说 Patrick LeBoeuf 维护着一个网上的 FRBR 目录(FRBR Bibliography),提供出版物、演讲、训练资源等,建议他提供链接。原来 Denton 竟然把 FRBR 大本营里最重要的链接都给遗漏了,看来 Tillett 把这个博客从头至尾看了个仔细。

马上法国国家图书馆的 Patrick Leboeuf 自己出来说,其实 Tillett 提供的那个链接不常更新,最新(目前更新日期是 20 Jun 2005)的 FRBR 目录在 http://infoserv. inist. fr/wwsympa. fcgi/d_read/frbr/FRBR_bibliography. rtf,更适合在 FRBR博客上链接。

其实 Leboeuf 所言不然,因为他提供的链接需要注册、登录 FRBR 邮件组才能看,这似乎不符合博客精神。不知他为什么不同时将 IFLA 编目专业组 FRBR Review Group 网站(即 Tillett 提供网址)上的 FRBR 目录更新呢?

该日志内容从 2005 年 5 月 1 日开始,现在上面已经有一些有意思的内容了。还有这么多大腕关注这个博客,看来对 FRBR 感兴趣者,此博客不可不常看。有 RSS 可订阅(RSS 2.0),可免有事无事瞎逛。

"frbr. org"这么好的域名给 Denton 注册掉了,不知道 FRBR Review Group 是不是感到有点可惜。

(2005-06-30)

FRBR 化:在我国实施的难点

FRBR 作为一个概念模型,用以指导实践,出现了如题所示的新名词——FRBR 化(Google 目前搜索结果:FRBRize,动词 112 项;FRBRizing,动名词 182 项;FRBRization,名词 183 项)。

定义?"FRBR 化"还是个非正式的称呼。OCLC 如是说:

examine the issues associated with the conversion of a set of bibliographic records to conform to FRBR requirements.

This process sometimes is informally referred to as "FRBRization". (转换书目记录集以符合 FRBR 需求的过程。)

RLG(美国研究图书馆集团)的"红绿灯"(RedLightGreen),可以说是最早实用的 FRBR 化大型 Web 书目数据库。通过将 FRBR 的"作品—内容表达—载体表现—个别资料"四级实体简化为两级"作品—版本(载体表现)",RLG 把自己的联合目录放到了互联网上。在搜索结果显示页面,显示的是作品,而非一般 OPAC 的"载体表现"。对大部分用户,感兴趣的是作品而非某一个版本;如果只对某一版本感兴趣,再继续看相关版本不迟。对于高产作家的作品,此种显示方式尤能显示出其优点(请参见"红绿灯"(RedLightGreen)及"FRBR 影响之 OPAC 应用")。

从 RLG 及 LC、OCLC 等的 FRBR 化成果看,以"作品"这一实体集中书目记录,可以说是 FRBR 化的一种基本形式。但这一方式,在我国实施起来似乎还麻烦多多。试分析原因:

(1)文献原题名的著录问题

MARC21 记录普遍采用原题名做统一题名,为作品的集中创造了良好的条件。而中文编目中并没有规则要求以原题名做统一题名,目前 CNMARC 一般将"在编文献中出现的"原题名著录于 510 并列题名中。

并列题名并不一定是原题名,还包括自译题名。有些译著,并列题名与原题名并不一致。此时,或者做两个并列题名,或者著录时根本就省略了原题名,这就为集中同一文献留下隐患。

《新版中国机读目录格式使用手册》中有个实例,在编图书《来自地狱的女人》为"If tomorrow comes"的某个译本,统一题名采用另一个译名《假如明天来临》,而非原题名(此书还有一译名《假若明天来临》)。如此一来,没有题名规范记录即无法著录统一题名,增加了问题的复杂程度。

原题名可以不著录,而要著录另一个被选为"统一题名"的译名。是不是有些奇怪?于是"统一题名"的选择面对疑惑:为什么选这个译名而不选另一个译名?

这种做法还增加了统一题名维护的工作量,每出版一个不同题名的译本,就要维护一下题名规范记录。

直接用原名不好吗?为什么要自己累自己呢?

另外,图书出版不规范,有意无意"省略"原题名的情况随处可见。从另一方面为实施原文统一题名增加了不小的难度。

记得一次用 MARC21 做某中文译著合集的记录,费了九牛二虎之力才找齐全部原题名。虽然很有成就感,毕竟只能当做消遣,如果当工作来做,死路一条。

(2)名称规范问题

要确认是否同一作品,单靠题名显然是不够的,还需要责任者名称。中文编目中人名规范不普及,编目中缺乏足以信赖的名称规范档,责任者名称经常照录图书题名页。图书翻译、出版中各译各名的现象本就普遍,于是,同一作者各种译法,五花八门。

有了规范意识后,又存在盲目依据人名翻译辞典的现象,有时就把有名的作者"规范"成了无人知晓的责任者名称。

与题名一样,翻译图书还经常不提供原作者名称,造成名称规范工作有心无力。

(3)不同语种名称标目形式不同问题

这或许是集中不同语种同一作品的最大障碍。

"红绿灯"的做法是全部使用拉丁字母,对于非拉丁语名称(题名与责任者)采用音译,如中文图书用汉语拼音。这当然是计算机技术发展早期无法处理其他语种字符时留下的后遗症,虽然现在"红绿灯"已将字符集转换为 Unicode,原来已经编目的文献是无法逐一更改的了。韦氏音标可以用计算机批量改成汉语拼音,要由拼音改成汉字则是不可能的。

我们自然不会全部用拼音。但因为用户不习惯用作者原名查,或者根本不知道作者原名拼写,我们反其道而行之,将作者原名全部音译成汉字。

不过,既然同名异译现象如此普遍,使用名称规范档已不可避免。那么,我们何不在书目记录中直接使用原名,而通过名称规范将读者输入的汉译名导向书目记录?

日本对作者标目即采用原文。以"If tomorrow comes"为例,NII(国立情报学研究所)的 WebCat 中某日文译本"明日があるなら",作者标目为"Sheldon, Sidney",而非题名页中的"シドニィ? シェルダン"。

目前 CALIS 设计的名称规范库是各语种统一的,对同一作者不同语种记录间的连接无疑是十分有益的。但同一责任者采用不同标目形式的通行做法,在进行数据处理时,无疑为集中同一作品(哪怕是 OPAC 显示)增加了相当大的困难。

(4)书目数据库、MARC 格式、CNMARC/XML 转换表

Last but not least,在我国,常见的情况是中西文(或者还有日文、俄文等等)书目数据库各自独立,还采用不同的机读目录格式。各语种书目数据库分列,对于依"作品"集中所有语种书目记录的不便显而易见。不同的 MARC 格式,又增加了问题的复杂性。

这种状况不是著录问题,不是修改一下编目条例/著录规则、机读目录手册就可以得到改善的。基本上可以说其本身是不会改变的,只能信赖外部技术。

　　就现在来看,通过为不同 MARC 类型分别定义索引字段的方式,一些图书馆自动化系统已经较好地解决了不同 MARC 格式书目记录合库问题。现在需要解决的主要问题就是不同数据库各自独立的问题。

　　只能寄希望于跨库检索技术的发展。集中同一作品的问题不是简单的重复结果去重,首先需要判定出各库中的同一作品,然后再对所有检索结果重新组合显示。

　　不过,如果采用"红绿灯"的方式——他们实际上是将所有记录重新转换成 XML 格式——那么一个库还是多个库的问题就不存在了。

　　我们需要做的,是建立一个 CNMARC 到 XML 的转换表,与 LC 已有的 MARC/XML 转换表(MARCXML:MARC21 XML Schema)一起使用,一举解决多库、多 MARC 问题。

(2005-07-23)

2005 中图学会年会中的 FRBR

　　E 线图情上"中国图书馆学会 2005 年年会"专题报道,昨天把 8 个分会场的有关信息都发了出来。

　　关注第五分会场:"文献信息描述、组织进展与展望"。总共 7 个报告:

- 陈树年(华东理工大学)"近年来我国信息组织研究进展与趋势"(主题报告)
- 谢琴芳(北京大学)"FRBR 用户任务对 CALIS 联合目录编目实践的影响"(专题报告)
- 曹宁(国家图书馆)"试论 FRBR 在中国文献编目规则和机读目录格式中的应用"(专题报告)
- 曾程双修(美国华人图书馆员协会)"从幅编到英美编目规则第三版和规范管理"(专题报告)
- 张沙丽(美国北卡罗来纳大学)"规范控制与全球信息资源共享"(专题报告)
- 高红(国家图书馆)"FRBR 与信息资源编目领域若干问题的探讨"(专题报告)
- 刘炜(上海图书馆)"元数据与知识组织"(专题报告)

刘炜显然并未与会。他穿着著名的马夹,年会期间天天博客不止,内中无一丁点谈到年会,自然是没有到桂林去的。

如此,六个报告中有 3 个以 FRBR 为主题,占 50%。除陈树年的主题报告和两位美籍人士曾程双修与张沙丽外,谢琴芳、曹宁和高红,人人均讲 FRBR。

呜呼!如果不知 FRBR,不懂一点 FRBR,还真没办法在编目界混了。今后期刊编辑录用编目文章就简单了,不谈到点 FRBR,立马枪毙:)(我可没想误导大伙儿啊。)

看这些报告题目,真是很诱人:FRBR + 联合目录、编目规则、MARC 格式、AACR3、规范控制⋯⋯

期待年会组织者回到北京后,在中图学会网站将这几个报告挂上去(应该有 PPT 吧),让未与会者也能享享眼福。

好像学会年会一年比一年有意思了。看来从今天开始,要考虑治疗一下自闭症,争取明年有胆量与会。

(2005-07-24)

更新(2005-07-25)

刚看到年会论文集《以人为本　服务创新》(中国图书馆学会编,北京图书馆出版社 2005),收录了上述陈树年、谢琴芳、曹宁、Sally C. Tseng(曾程双修)和刘炜的论文。

Sally C. Tseng 论文题目是:From FRBR to AACR3 and Authority Control。原来中文标题中令人费解的"幅编"就是 FRBR 啊!

呜呼,FRBR 队伍再一次壮大。Keven 在评论中说"FRBR 可能成为我们专业的下一个泡沫",现在这个泡泡更大了。

曹宁"试论 FRBR 在中国文献编目规则和机读格式中的应用"笔记

编目条例制订者煞费苦心,但并没有把其良苦用心告知使用者,使用者既不能知其所以然,有时就不免觉得规则莫名其妙。作为新版《中国文献编目规则》的副主编,作者"试论 FRBR 在中国文献编目规则和机读格式中的应用"一文多少揭示了内中的一些玄机,看得比较过瘾。

本文第一部分"FRBR 的概念模型"为扫盲。

揭示玄机的是第二部分"从 FRBR 角度分析《中国文献编目规则》修订过程中的几个难点问题"。

(1)对文献获得方式的界定

"按照 FRBR 的解释,获得方式是载体表现的特殊属性,除此之外它不属于其他任何一个层面上的实体"。因此,"获得方式通常是指由文献提供者确定的具有普遍意义的获取方式,而不应该是由文献所有者确定的特殊性的获取方式"。

或者说,获得方式不属于 Item(作者译为"对象文献")层面。

(2)古籍著录中复本附注的应用

"将古籍著录的对象固定在以版本版刻为主要特征的文献载体表现的层面上",印次、复本属 Item,用附注加以说明。如此古籍著录规则"与《规则》总则以及 ISBD(A)取得了一致"。

(3)版本信息的区分及著录方式的选择

"那些由文献出版者赋予的版本信息(对中文普通图书而言,一般集中出现在版权页)大多可以著录在版本项,而那些由文献创建者或实现者赋予的版本信息(对中文普通图书而言,一般集中出现在书名页)则要慎重考虑著录在何处。"前者为内容表达,后者为载体表现?

文中很谨慎地说出现在书名页的版本信息"要慎重考虑著录在何处",而没有直接说"大多可以著录在题名与责任者项"。因为新版《中国文献编目规则》中的如下实例(第 37 页例 6)无疑是有很大争议的:

中国图书馆分类法(第四版)/中国图书馆分类法编辑委员会编

《中图法》第四版由于"第四版"出现在题名页,版权页题"第 1 版",故新版《规则》认为其题名是《中国图书馆分类法(第四版)》,而非一般认为的题名是《中国图书馆分类法》,版本为第 4 版。

(4)标目法中个人和团体名称检索点选取原则的确定

"文献标目的主体对象明确限定在著作和内容表达层面,同时也为揭示载体表现和对象文献层面的特例提供了可能"。

第三部分"FRBR 概念模型在编目规则和机读格式中实现的可能方式"是作者的一些设想。主要是以 FRBR 思想处理统一题名。以莎士比亚的《哈姆雷

特》为例,举了常见的 FRBR 结构(w-e-m),还有:

书目记录(载体表现层)。除 500 统一题名形式外,与普通书目记录无异。

规范记录(内容表达层)。有点奇怪,规范记录做到了译者这一层。

规范记录(著作层)。除一般题名规范记录的内容外,还包括分类和主题。

作者说是受 LC 芭芭拉女士"AACR3:资源描述和检索"(AACR3:Resource Description and Access)一文的直接启发。芭芭拉此文我尚未看过,看过她在 5 月 FRBR 研讨会上的 PPT"FRBR 与编目规则:对 IFLA 的原则声明与 AACR/RDA 的影响"(FRBR and Cataloguing Rules:Impact on IFLA's Statement of Principles and AACR/RDA),其中有规范、书目、馆藏三层与 FRBR 实体间的对应关系图示。

如作者所说,"FRBR 研究的第二个目的是为了倡导文献编目的简化,提高编目效率,节约编目成本"。所举著作层的规范记录,包括了原本需要在每条书目记录中重复的分类与主题,可以说达到了这一目的。但内容表达层规范记录做到译者这一层次,是否做得过多?对照 LC,对 Hamlet 也只做了少数语种(而非全部语种)的规范记录,而没有具体到译者。难道 FRBR 应用的结果,就是要我们多做 N 条规范记录?

不过还有,"如果一种著作只有唯一的载体表现,则各层实体的全部信息都反映在载体表现层的书目记录中,而不需要制作著作/内容表达层的规范记录"。原本题名规范记录即遵循此准则。那么如果某译本(内容表达)只有唯一的载体表现,是不是也无需做内容表达层的规范记录?

原文出处:中国图书馆学会编. 以人为本　服务创新. 北京图书馆出版社,2005:317-324

(2005-07-26)

《规范记录的功能需求》(FRAR)新鲜出炉

经常看到文章与 PPT 中提到"规范记录的功能需求"(FRAR),却没见过文本。前几个月在 IFLA 邮件组订"规范记录的功能需求与编号"(FRANAR)未成,被告知仅限 FRANAR 工作组成员,但 FRAR 文本即将发布。

FRANAR 工作组成立于 1999 年,首要工作就是依照《书目记录的功能需求》(FRBR)的模式,定义规范记录的功能需求(FRAR)。另一项任务是研究制定如国际标准书号(ISBN)这样的国际标准规范数据号(ISADN)。经过六年努力,现在 FRAR 终于出炉。目前还是草案,有英语与法语两种版本,在世界范围内征求意见,意见截止期 10 月 28 日。

64 页,尚不及细看。列目录于此:

Functional Requirements for Authority Records：A Conceptual Model

IFLA UBCIM Working Group on Functional Requirements and Numbering of Authority Records (FRANAR)

Draft

2005-06-15

Introduction

1. Purpose 目的

2. Scope 范围

3. Authority Files in a Library Context 图书馆环境中的规范文档

4. Entity-Relationship Diagram and Definitions 实体—关系图与定义

5. Attributes 属性

6. Relationships 关系

7. User Tasks 用户任务

8. Authority Data Transfer 规范数据迁移

Appendix A

References

2010 年 1 月 2 日更新:现更名《规范数据的功能需求》(Functional Requirements for Authority Data),已于 2009 年 6 月出版。

(2005-08-01)

FRBR 家族未来的第三个成员——FRSAR

1992 年,《书目记录的功能需求》(FRBR)开始研制,1997 年得到批准,1998 年正式出版。

1999 年,开始依照 FRBR 模式研制《规范记录的功能需求》(FRAR),2005 年 6 月公示。

2005 年 4 月,一个新的工作组成立,准备制定《主题规范记录的功能需求》(Functional Requirements for Subject Authority Records,FRSAR)。

FRBR 将书目描述的实体分为三组,第一组实体为产品(作品、内容表达、载体表现和文献单元),第二组实体为责任(个人、团体),第三组实体为附加的主题(概念、对象、事件、地点)。

第一组实体是书目记录的对象。尽管目前书目记录的描述对象仍限于载体表现,但以目前 FRBR 的风行,未来按分级方式描述对象——第一级作品、第二级内容表达、第三级才描述载体表现——也是很可能的。

后两组实体是书目记录中的标目部分,第二组实体是需要由"规范"系统加以控制的名称规范,第三组实体是需要由主题词表、分类法控制的主题规范(另外也包括作为研究对象的名称与题名的规范)。FRAR 之后,接着研制 FRSAR,也是顺理成章的事。

《主题规范记录的功能需求》(FRSAR)的研究范围:
- 建立一个 FRBR 框架中第三组实体(作品内容)的概念模型;
- 提供明确定义的结构框架,关联主题规范记录中的数据与用户需求;
- 帮助评价主题规范数据在图书馆界内外国际共享的潜力。

工作组主席 Marcia Lei Zeng(曾蕾)。

相关链接:
FRBR Review Group
Working Group on FRANAR
Working Group FRSAR
(这 3 个组,分别属于 IFLA 的编目专业组、书目控制部与分类标引专业组。书目控制部下属有书目、编目、分类标引与知识管理专业组)

(2005-11-22)

2010 年 1 月 2 日更新:现更名《主题规范数据的功能需求》(Functional Requirements for Subject Authority Data,FRSAD),草案公示已于 2009 年 7 月 31 日结束。

书目记录的功能需求（FRBR）简述

Janet 留言要求"用通俗点儿的语言"说"FRBR 知识"，至少对我来说并不擅长。以前推荐过王绍平的"编目工作的新观念、新方法——从《巴黎原则》到《书目记录的功能需求》"（《图书馆杂志》2001 年第 9 期），真的很值得一读，再次推荐。

我的理解，大致可将 FRBR 归纳为 3 个部分：

（1）书目数据的实体、属性与关系

FRBR 首先将书目数据用户感兴趣的关键对象分成三组"实体"（第 3 部分），每组实体又包括几种实体，分别是：

实体 1 产品：

- 作品 work
- 内容表达 expression
- 载体表现 manifesation
- 文献单元 item

实体 2 责任：个人、团体

实体 3 附加的主题：概念、对象、事件、地点

这些实体有各自的"属性"（第 4 部分），实体相互之间又有各种层次的"关系"（第 5 部分）。

这部分是对书目数据内容的分解，是了解书目数据并作进一步分析的基础。如实体 1 是书目记录所描述的对象，传统编目以文献单元所代表的载体表现为对象。四个层次的区分，对多种载体并存时代如何选择编目对象起到了指导作用。

（2）用户任务与实体属性评价

FRBR 在详细分析了实体的属性与相互关系后，列出了各种通过"用户任务"评价各实体属性的表（第 6 部分）。用户任务包括：

- 发现 find
- 识别 identify
- 选择 select

● 获取 obtain

评价的目的是了解不同属性对于实现不同用户任务的作用。通俗点说,就是各著录项目对用户而言有没有用,有什么用。提高一点说,为评价元数据提供了一个工具,同时也为修订 ISBD 提供了理论依据。

(3)国家书目记录的基本需求

这是依据用户任务评价表所作的一个实例,即"国家书目记录的基本需求"(第 7 部分),也就是基本级国家书目记录应当包含的著录项目。

FRBR 的应用,通俗点说? 胡说一例:某图书馆想要简化著录,但又不想降低用户检中相关文献的可能,可以查一下第 6 部分的评价表,列出对"发现"最重要的项目,列为必备,其他则列为"有则必备"或"可选"。

FRBR 其他应用,谈得最多的可能就是集中不同版本的同一种书(也就是"作品")了。参见此地关于 FRBR 的其他文章,那里有更多相关链接。

FRBR 研究很热。要了解相关研究,通读 FRBR 原文是基础。原文虽然一百多页,但实打实的文字并没有那么多,花点时间读还是很有必要的,一通百通。读前先看一下《IFLA 国际编目专家会议最终词汇表》中译本(林明,王绍平,刘素清译),有助于熟悉有关术语。

(2006-03-08)

thingISBN——用户视角的 FRBR 化成果

LibraryThing 是一个个人在线书目网站,除上传书目信息、加封面外,还有很多 2.0 的功能,如对图书评级、发表评论、加标签(分类)、各类 RSS,以及一些社会网络功能。甚至还有各种来源的 MARC 记录!

以下是一些统计数据(分别取自 2006-07-02/2006-06-15,可以看出其近期发展势头):

● 开张于 2005 年 8 月 29 日,成员 51 856/45 103(不多,比较同样提供书目上传的豆瓣,2005 年 3 月开张,现已超过 20 万成员);

● 成员共提供图书馆藏 3 548 967/3 185 318(每天 1 万余),去重后

932 335/878 861种(每种书近 4 个"复本");

- 每个成员的馆藏构成自己的图书馆,最多一位拥有 9301/9162 个馆藏;
- 成员对图书发表评论 43 571/39 889 条,最高产的评论家写了 960/894 条评论;
- 成员给图书加标签(分类)5 082 253/4 672 586 个,最疯狂的某个成员贴了 26 447/25 984 个标签;
- 成员为图书评级 514 423/442 072 次;
- 成员贡献图书封面 96 347/86 334 个(另可直接利用网上书店等处的图书封面)

2 月份的时候,LibraryThing 开发者 Tim Spalding 想按"作品"来集中这些图书。因为书评、评级、标签(大众分类)等等,对同一作品的所有版本差不多都是可以共享的;而基于算法的类似"拥有 X 书者也拥有 Y 书"这样的推荐图书方式,按作品集中也可以更好地发挥作用。从社会性方面,按"作品"集中书目的结果是,人们结交与自己拥有同一种书的人的希望可以更好地实现。

虽然 Tim 当初并不了解 FRBR 模型,但他的做法确实与 FRBR 的"作品——内容表达——载体表现——个别文献"模型很相似。要实现作品集中,Tim 曾想过借用 OCLC 的 xISBN,但 Tim 更想"尝试一些新的"。他想到的是 2.0 的方式,以 LibraryThing 热心的成员为基础,靠众人的力量,合并相关书目信息。他的口号是:每个人都是图书馆员,他认为"公共编目是不差的编目"。

结果合并书目功能推出的头三天,用户就作了 1.7 万次合并,集中起 4.2 万部作品。如果哪个用户合并错了,自有其他用户再把它分离,这就是 Web 2.0 的模式——如 Tim 说的是"维基百科"。

在完成对 LibraryThing 中大量作品的集中工作后,为让大家利用 LibraryThing 的 FRBR 化成果,Tim 于 6 月 14 日推出了其成果"thingISBN API"——给出一个 ISBN,以 XML 形式返回该作品所有版本的 ISBN。为保证数据能够复用,Tim 遵循的是 OCLC 的 xISBN 的形式,并且它还 mash up 了 xISBN,提供各 ISBN 在 OCLC 的 WorldCat 和 LibraryThing 中结果的比较(两者共有的、仅 xISBN 有的、仅 thingISBN 有的)。ISBN 0441172717 的实例:

thingISBN:http://www. librarything. com/api/thingISBN/0441172717

xISBN 与 thingISBN 比较:http://www. librarything. com/api/thingISBN/0441172717&compare = 1

OCLC 的 xISBN:http://labs. oclc. org/xisbn/0441172717

OCLC 有 10 亿馆藏,而 LibraryThing 才 350 万,仅千分之三,本不是一个数量级。但 Tim 提供的一些对比表明,相对于 xISBN,thingISBN 并非可以忽略不计,两者可以互补,而平装本与非美国版是 thingISBN 的特长。

Tim 是 TALIS 正在主办的全球性图书馆 Mashup 竞赛"Mashing Up The Library"的评委之一,它把 thingISBN 当做他提供的 mashup 原料。

(2006-07-02)

在书目中实践 FRBR(外一篇:民国书目检索)

参与编制一个外文专题书目,从研究者利用考虑,计划按分类编排。分类之下,我考虑到图书有再版问题,倾向于按书名编排,可以把同一种书集中在一起。但大家都以为分类之后按出版年代排序,可以显示研究的发展脉络。

年代排序的确是更可取的方法。那么,再版问题如何解决呢? 一种办法是只取最早的版本。编制本书目的目的是全面揭示国外这一专题领域的文献,方便研究人员获知、获取文献,所以计划提供一些馆藏地。如果最早版本国内没有收藏,难道就此舍去? 还要研究者花钱去国外馆际互借?

我想到了 FRBR,可以把各种版本都排在能够查到的最早版本下,即使名称有所更动也没关系。这样一举多得,既保留研究的发展脉络,又能反映研究的重要程度及影响,还能提供尽可能多的馆藏信息。

在试查过程中,又发现还可能有不同语种的译本。征求负责人意见,决定先在书目信息中保留原题名。我内心的想法是,在最后处理数据时,彻底贯彻FRBR,将不同语种译本按原著的出版日期集中在一起。反正处理数据是我的事,到时就由我了。

在做民国图书的扫描,我以为最重要的是尽可能避免与其他馆做重复的事。一则处理能力有限,二则民国图书大多很脆弱,经不起折腾。

找到开放检索又能全文浏览的 CADAL(http://www.cadal.net)已是幸事,因为它收录了国内重要大学的民国馆藏。由于民国图书编目多为简编,且不大会有中图分类号,这两点就把民国书目排除在现今 CALIS 联合目录之外了。所以查 CADAL 有点一站式检索的意思。只不过从各馆提交数据的统计上看,尤其在民国书刊方面,各馆的参与程度相差很大。所以这个"一站式"还是打折扣的。

我开始只考虑其他馆已经数字化的部分,没有想到正在做的。馆里一位专家告诉我上海图书馆正在做,可以查《民国时期总书目》了解国内民国馆藏大户的收藏情况。于是找来《民国时期总书目》(收录国家图书馆、上海图书馆和重庆图书馆民国图书),查一下经 CADAL 筛选留下打算扫描的图书。查的结果,自然又筛出去一部分暂时不做扫描。

有意思的发现是,《民国时期总书目》其实也在某种程度上应用了 FRBR:对同一种书只设一个条目,其下列出各种版本,合并说明馆藏;同书的不同的译本,虽然分设条目(往往译名不同),但前后排列,在提要中只说明是"前书的另一译本"云云。

当然《民国时期总书目》早于 FRBR,说"应用"并不恰当。这只能说明 FRBR 在书目工作中是有深厚基础的。早先想研究简化编目,借过一本苏联人写于五十年代的书,其中就有类似的做法。

在查《民国时期总书目》前,在网上查国图与上图,只发现古籍部分——上图有"古籍书目数据库",而国图的"古籍善本"只列出了其他馆的古籍检索链接。

因为没发现民国图书,以为都没有提供书目检索,所以只能很辛苦地查《民国时期总书目》。刚才写着,又上国图与上图的书目检索去查了一道,发现其中都包括民国图书。看来可以把《民国时期总书目》还掉了?

(2006-10-18)

RDA 一统江湖？

　　AACR2 长期以来一直是指导用 MARC 格式进行著录的重要编目条例。2005 年初英美编目条例联合修订指导委员会宣布编制 AACR3，后改名《资源描述与检索》(RDA)。从名称上去掉"英美"及"编目"字样，编制过程中与都柏林核心元数据(DC)及出版界元数据标准 ONIX 进行合作，均显示 RDA 将影响扩大到全世界以及图书馆界之外的决心，也被视为将抛弃 MARC 与传统编目。然而 RDA 编制一波三折，激进与保守的争议不断，多方博弈的结果，是 RDA 仍保留了不少传统编目的痕迹。

AACR 终于准备出第 3 版了

AACR 第 2 版 1978 年出版,至今虽然经过多次修订,但近三十年仍是第 2 版。今天通过"LISFeeds. com"看到 CatalogABlog 介绍 AACR3 的消息,便到 AACR 联合修订指导委员会 JSC/AACR 网站去看个究竟。关于 AACR3 的消息如下:

暂定题名:AACR3: Resource Description and Access

计划出版日期:2007

大纲:导论———一般原理

第一部分——著录

第二部分——选择检索点

第三部分——检索点的形式

主编:Mr. Tom Delsey(主编情况介绍另见:Tom Delsey appointed as AACR3 editor)

AACR2 将在 2005 年作最后一次修订。

AACR3 的背景信息见:AACR3: Resource Description and Access (Jan. 2005)。

AACR3 的宣传见:AACR3 Promotion。

(2005-01-13)

"英美编目条例"退出舞台: 从 AACR 到 RDA

半年多前,看到《英美编目条例》AACR 终于准备出第 3 版了,新版题名为 "AACR3: Resource Description and Access"。前几天忽又得知,已有数十年历史的"英美编目条例"之名称将退出舞台,新版直接用"资源描述与检索"(Resource Description and Access,RDA)这个新潮题名,以期将影响扩大到图书馆界之外。出版时间推迟至 2008 年。

决定改名的是于 2005 年 4 月召开的 AACR 修订联合指导委员会(JSC)会议,会议成果 5 月公布。RDA 的框架也已在前几天公布。

在 6 月 ALA 芝加哥年会期间,图书馆馆藏与技术服务协会 ALCTS(他们的这些"协会"大致相当于我们学会的"分会"吧)组织了专场报告。大概题目和介绍是早早定下了,还是旧的信息:"AACR3:编目的下一件大事"(AACR3:The Next Big Thing in Cataloging)。三位报告人中,Barbara 和 Bowen 二位是 JSC 成员,John 也是十分热衷于 JSC 工作的,对 RDA 的介绍与分析自然很权威,也爆些内幕。报告内容分别是:

● RDA:Resource Description and Access:Background and Context,by Barbara Tillett

● Looking Under the Hood and Kicking the Tires,by John Attig

● Changing Direction:From AACR to RDA,by Jennifer Bowen

现在是《英美编目条例》改名,IFLA 尚在腹中的《国际编目条例》不知是否也会步其后尘,甚或因 RDA 的"多国化"目标而夭折?

以后,我们会习惯用 RDA 代替 AACR2。或许若干年后,在图书馆界提起"编目"一词,一大半人会一脸茫然:什么是编目? 就好像在国内图书馆界提起"技术服务",一大半人会以为那是技术部的、计算机方面的工作。

(2005-07-31)

《资源描述与检索》(RDA)一统江湖?

《资源描述与检索》(Resource Description and Access)第一部分草案公示后,在 RDA 讨论组引起了热烈讨论。目前公示截止期已到,最重量级的机构意见出台:

美国图书馆协会(ALA)意见(PDF 文件;84 页):http://www.libraries.psu.edu/tas/jca/ccda/docs/5rda-part1-alaresp.pdf

德国国家图书馆（DDB）图书馆标准办公室意见（PDF 文件；15 页）：http://www. ddb. de/standardisierung/pdf/comments_rda_part1. pdf

英国图书馆与信息专家学会（CILIP）意见（PDF 文件；18 页）：http://www. slainte. org. uk/aacr/pubs/5rda-part1-ciliresp. pdf[update 2006-04-19]

ALA、CILIP（由英国图书馆协会 LA 及情报学家学会 IIS 合并组成）意见理所当然，DDB 有什么关系？ 因为德奥两国也有改用 AACR/RDA 的意图（参见：德奥两国改用 MARC21 格式）。

RDA 预计2007 年定稿，2008 年出版，另两部分草案预计也将在今年 5 月和10 月相继出台公示。

AACR：RDA 联合修订委员会网站上的相关背景信息资料除英文版外，还有苏州大学图书馆陈家翠翻译的中文版、法文版、西班牙文版。

RDA 与 ONIX 最近成立联合创新活动（RDA and ONIX Launch Joint Initiative），开发一个资源分类的共同框架。RDA 自称"一部新的资源描述与访问的国际标准"，而 ONIX 则是"代表出版业的电子形式产品信息的国际标准"。

美国国会图书馆联机目录利用 ONIX 数据已有多年，加强图书馆界与出版界在书目数据方面的协调，双方互利。

有关 ONIX，可以参见北京大学/CALIS 联合编目中心喻乒乒在《现代情报》2006 年第 1 期发表的"ONIX 元数据标准2.1 版与2.0 版对比研究"。

2007 年，IFLA 为拟议中的一部国际编目条例（an international cataloguing code for bibliographic description and access），将开完最后一次国际编目专家会议（IME-ICC）。IME-ICC 是真正的系列"国际"会议，分别在欧美、南美、中东、亚洲、非洲五地召开，征求世界各地编目专家的意见，了解各国不同的编目实践。

最近这一次将于 IFLA2006 年会期间在韩国首尔召开，应该是征求亚洲各国的意见。中国国家图书馆采选编目部主任顾犇是编目专业组的 Secretary 兼常务委员会成员，想必国家图书馆及其他国内编目领域专家也会积极参与。

IME-ICC 虽然连年开会，但"一部国际编目条例"用的是不定冠词 + 小写字母，同时 IFLA 也并没有按例设立编制委员会之类的机构，显示并非真的会有那么一个"条例"诞生。

IME-ICC 的积极主导者中,不乏 AACR;RDA 修订者的各级参与者。

《英美编目条例》修订打算出第三版时,"资源描述与检索"原只是副题名,最终"扶正",重要原因显然是要摆脱英语世界的局限。加上其扩大到图书馆领域以外的意图,独立于特定格式的目标,所以如果假设 RDA 就是 IFLA 的"an international catagloguing code",大概不会差得太远。

或许 RDA 日后真能一统江湖,成为总揽各国、各类载体(包括网络)资源元数据描述的指导规则(用 IFLA 的话是"鼓励用作元数据应用框架中的内容标准")。这也是我把 description 译作"描述"而不是"著录"的原因,后者图书馆专业味太浓,不易被广泛接受。

(2006-04-16)

RDA 联机版原型演示及调查

AACR2 的升级版——资源描述与检索(RDA)未来会以联机版面世,近日发布了联机版的原型演示视频,可以在有声/无声、800 × 600 像素/1024 × 768 像素 4 种方式中选择。看完后,可以参加联机调查,对用户界面及功能发表评论。

可惜演示主页"http://www.rdaonline.org/"需要代理才能访问,视频则不知什么原因有代理也看不成。只能是空欢喜一场。调查倒是可以参与。视频和调查利用的是其他网站的服务,这样的方式越来越流行了。

为看他们设计联机系统关注些什么问题,在没有看演示的情况下胡乱作了回答,很有负罪感!不过相信会有很多人参与调查,我的自然可以忽略不计。

将调查问题记录在下面,也不枉做一回错事——单看调查,似乎就很有启示。

以下共 12 个问题,每个问题下各有若干小题,1—7 题均按以下四级评分:

1. Very Useful;2. Useful;3. Marginally Useful;4. Not Useful.

1　The RDA online product prototype is designed to improve access to RDA content. Please indicate how useful these aspects of the product would be to you. (对 RDA 内容访问的改进)

Ability to read RDA in a linear fashion(线性方式阅读)

Ability to browse RDA(浏览)

Ability to search RDA according to a specific information need(检索)

Ability to find specific (known) rules or examples(寻找)

Ability to see rules in immediate context (e. g. , one or two subsections above and below)(上下文显示)

Ability to see rules in broad context (e. g. , within entire section)(整节显示)

Ability to easily navigate cross-references(参照)

Ability to work with various worksheet templates that will have links to field-relevant rules(以不同模板,链接到字段相关规则)

2 The RDA online product prototype is designed to improve work-flow. Please indicate how useful these aspects of the product would be to you. (对工作流程的改进)

Compatibility with multiple metadata schema (e. g. , mapping to Dublin Core)(与多个元数据集如 DC 的兼容)

Interoperability with digital bibliographic information sources (e. g. , Onix) (与数字书目信息源如 Onix 互操作)

Compatibility with a workflow that is increasingly online(与联机化的工作流程兼容)

Ability to download rules to other (e. g. , portable) devices(下载规则到其他手持设备)

3 The RDA online product prototype is designed to be customizable. Please indicate how useful these aspects of the product would be to you. (可定制化)

Ability to customize by user group (e. g. , institution, unit, class) (按用户群定制)

Ability to customize by individual user(个别用户定制)

121

4 The RDA online product prototype is designed to aid in cataloging in-
struction. Please indicate how useful these aspects of the product would
be to you.（辅助编目指导）

Step-by-step guidance for basic data creation or record building（逐步指导
基本数据创建）

Greater utility in an increasingly digital educational environment（e. g. ,
MLS or CE courses）（数字教育环境）

5 Please indicate how useful the following product versions would be to
you：（版本）

Full（完整版）

Concise（简明版）

Customized（定制版）

6 Please indicate how useful the following product interfaces would be to
you：（界面）

Search/Browse（检索/浏览）

SmartSheet（表格）

Step-by-Step（逐步显示）

7 Please indicate how useful the following product features would be to
you：（特性）

Templates for the various worksheet styles or formats（不同的模板）

Mouse-over definitions（鼠标移过出现定义）

Drop-down lists（content type, media type, mode of issuance, etc. ）（下
拉列表选择）

RDA buttons concept（i. e. , context-sensitive links to RDA content）（内
容敏感链接）

Pop-up box instructions and examples（弹出框示例）

8 Are there any other features or functionalities that should be included?
（还可增加什么功能）

9   Based on the prototype you see here, what is the likelihood that an on-
    line product will help you address the following tasks: (联机产品帮助
    表达下列任务的可能性)

1 Definitely   2 Very Likely   3 Somewhat Likely   4 Not at All

Description of resources(资源描述)

Determining main and additional access points for a work(决定作品检索
    点)

Formulating headings for those access points(构成检索点的标目)

Authority control(规范控制)

10   How do you currently access AACR2?(使用 AACR2 的方式;单选)
     print(印刷版)

Cataloger's Desktop(电子版)

both

11   Which of the following best describes your current role? (担任职位;
     单选)

Library Director

Library Science Faculty

Paraprofessional Cataloger

Professional Cataloger

Technical Services Assistant/Associate Director

Trainer/Educator

Other, Please Specify

12   Which of the following best describes your current place of employ-
     ment? (工作机构;单选)

College Library

Library Science Program(undergraduate or graduate)

Public Library

Secondary School Library

Special Library

University Library

Other, Please Specify

(2006-07-04)

RDA: 20 世纪的编目规则

20 世纪曾经辉煌,但已是明日黄花。*D-Lib Magazine* 今年 1/2 月刊发表 Karen Coyle 和 Diane Hillmann 的文章"Resource Description and Access (RDA): Cataloging Rules for the 20th Century",旗帜鲜明地把将于 2008 年问世的 RDA 称为"20 世纪的编目规则",理所当然地引来一场论战。在各家编目相关的邮件讨论组上,关于此文的帖子回复多多,作者之一 Karen Coyle 也参与讨论;还有多个博客介绍此事,Karen 也在自己博客上发文简评此文,又引来留言一片。

两位作者现均从事数图方面的工作,Karen Coyle 在博客中常涉及编目相关论题,而 Diane Hillmann 更是元数据专家,曾为 ALA 机读书目信息委员会(MARBI)成员,目前则是 DCMI 使用与咨询部成员。

作者在文中更多地指出了在当前的环境下图书馆及编目工作所处的危机,提到了去年上半年加州大学图书馆与美国国会图书馆分别提出的两份关于编目工作的研究报告。文章还基于 RDA 已经发布的部分草案,提出对 RDA 的批评,尤其不满其篇幅过长、过于复杂,更进一步对 RDA 编辑机构 JSC 的能力表示质疑,认为其宣称的与实际达成的状况完全不一致。

文章特别具有说服力的部分是"Lack of Community Support",引用多方见解,说明目前状态的 RDA 不被那些具有权威性的机构或人认可:

• "对 RDA 已发布草案的不满已经在 ALA 编目描述与访问委员会(CC:DA)文件中浮出水面。在对最近章节审议的回应中,CC:DA 说明:'对于 RDA 开发程序及其产生一个可行标准的能力,在 ALA 中产生着信任危机。'"CC:DA 提出的建议包括:采用自上而下的开发方式;修改开发时间表,有机会从整体上审议 RDA;不单用 AACR2 作为 RDA 的理论与实践来源。

• AACR2 最初的编者 Michael Gorman 在 1997 年就呼吁简化 AACR:"首先,我们应当去除所有导入 AACR2 第二部分的'特例'规则……(例如专门宗教资料与法律的许多情况)。其次,我们应当剪除在特定情况下的过于精细的描述性规则——这些对于专业编目员不够,而对于普通编目员太多(如对音乐与地图的规则)。专业编目员与专业馆藏的需求应当由专业手册来满足,手册由相关编目团体创建,由 JSC 作为真正的例解审查鉴定。"

- "似乎说明了对 JSC 缺乏信任,特别有意思的近期发展是 2006 年 12 月 1 日,LC 指出了技术改变的压力,宣布组成一个'书目控制未来工作组,检查 21 世纪书目描述的未来'。"该工作组的报告将于 2007 年秋发表。

结论部分表明了对 RDA 未来走向的态度:

- "重新整理编目规则不是图书馆的正确起点。"

- "在精心制作详细的图书馆编目规则前,我们需要判定,用户是看连接用户与信息资源的通用书目工具,无论其来源,还是继续看图书馆财产清册,需要用户再到其他地方寻找他们可能需要的其他信息。"[似乎已经判定了单个图书馆目录的死刑。]

- "更好的不是将 RDA'继续到底',而是设立一个新的目标,实现顶层的一致:模型、基本原则与一般规则,而将细节留给专业社区。"

(2007-01-23)

ALA 2007 仲冬会议上的 RDA：Barbara 的态度

ALA 在开 2007 仲冬会议,参会 blogger 报道踊跃。也有人不去参加,并质疑 ALA 自己不做虚拟会议,来点 2.0 的活干干,尽让博客们免费为之打工(ALA Midwinter Meeting：I'm Not There)。

LITA(图书馆与信息技术协会)博客上也有不少会议报道。正引起争议的论文"RDA:20 世纪的编目规则"的作者 Diane Hillmann 也客串一回 blogger,报道了上周六 ALCTS(馆藏与技术服务协会)电子资源兴趣组的会中会。从中我们可以看到有关 RDA 争议的另一个侧面。

Diane 受邀但原来并没有打算与会,因为她以为时间上与 MARBI 会议中感兴趣的内容冲突。在获知没有冲突后,她便决定去看看,一大半原因是冲着写得很诱人的会议说明:"如果 RDA 打算'面向一切',它携同 DC、LOM 及可视资源社区达到其目标了吗？我们已经听到很多来自'传统编目'界的观点、评论，但不同的元数据社区如何点评？对于这一内容标准是否适用于他们，这些社区是如何考虑的，我们很少有直接的信息。本次的演讲将说明这些问题。"

第一个演讲人是 LC 的 Barbara Tillett，编制 RDA 的核心人物。据说 Barbara 原来并未受邀，但她要求参加。作为编目界权威，自然令人无法拒绝。Diane 认为 Barbara 的演讲冗长且了无新意，不过是又一次"漂亮的标准 RDA 高水平营销"。最令 Diane 愤愤不平的是最后那张幻灯片上的文字——Diane 认为这完全无视那些改变 RDA 的重大呼吁，令她十分沮丧：

No significant changes to existing records will be required（对现有记录无需重要改变）；

Need for retrospective adjustments when integrating RDA and AACR2 records will be minimal（在集成 RDA 与 AACR2 记录时，只需最低限度的回溯处理）。

接下来有一些来自其他元数据社区的演讲，基本上是各说各话，并没有谈及对 RDA 的看法。因为演讲安排得太满，到最后只剩下 10 分钟讨论，还被一个人喋喋不休的抱怨占据了最后几分钟。所以 Diane 报道的题目是"没有讨论的 RDA 讨论"（No Discussion Discussion on RDA）。

QOTD（Quote Of The Day）：其中一位演讲者引用一个同事的话：

Standards are like toothbrushes, everyone agrees that they're a good idea but nobody wants to use anyone else's.（标准就像牙刷，每个人都认为那是好东西，但没有人想用别人的。）

（2007-01-24）

开放开发：由 RDA 评论系统引发的

上月的消息是 RDA 最终评价版将于 11 月 3 日出台，说是与美国大选同时。不料临了又发布消息，说是因为软件原因，推迟到 11 月 17 日发布。更想不到的是，发布时说软件还是没弄好，只提供 PDF 版，没法直接在网上提意见了。

图书馆的技客们对此自然很不以为然，又不是临时定的事，弄这么久搞不定。

德国的 B. Eversberg 马上弄出了一个网络版 RDA(仅供演示,将删除——因为有版权问题吧),有依目次浏览和全文查询两个功能。只没有评论功能。

接着,意大利的 Jim Weinheimer 做了一个看似完全不相干的 Web 版 Koha 的 MARC 录入界面。只是说明,可以选大类(对 RDA 就是选各章),再在各字段(对 RDA 就是各小节了)让用户输入(应该就是评论功能了)。

B. Eversberg 在 RDA 邮件组的发布此消息的邮件标题是"Open development"。

Jim Weinheimer 以为自己并不擅长编程,就可以很方便地捣鼓出这样的东东,如果是干这一行的,肯定可以做得更好。不知道有多少程序员心里痒痒的想做这样的事呢,却没有机会。他的结语是:But it must be open.

两人的邮件中还有更多观点,详见原文:http://www. mail-archive. com/rda-l @ infoserv. nlc-bnc. ca/msg02376. html。

参见:

RDA 联机版原型演示及调查(2006-07-04)

[update 2008-11-27]RDA 草案下载

JSC 网站上的 RDA 最终评价完全版:Full draft of RDA

RDA online 有单一 ZIP 文件下载(Constituency Review):http://www. mail-archive. com/rda-l@ infoserv. nlc-bnc. ca/msg02376. html

(2008-11-26)

RDA 的实施与 MARC 的未来

AACR2 是伴随着 MARC 而生的,随着 RDA 将替代 AACR,似乎 MARC 也将随之消亡,但目前并没有替代 MARC 的标准出现。并且从 MARC 的发展历史来看,其演变或进化能力还是很强的,不会那么轻易地退出历史舞台。

10 月 14 日,美国信息标准组织(NISO)举办了一次网络会议(Webinar)"Bibliographic Control Alphabet Soup:AACR to RDA and Evolution of MARC"。会议主题是"AACR 到 RDA 及 MARC 的演进",Alphabet Soup 不知如何翻译,大概算是扫盲吧?

三个演讲分别是:

Barbara Tillett:AACR2, RDA, VIAF, and the Future:From There to Here to

There；

Diane Hillmann：RDA Elements and Vocabularies：a Step Forward from MARC；

William Moen：Data-driven Evidence for Core MARC Records（介绍 2006 年对 5600 万条 WorldCat 记录进行的 MARC 字段、子字段统计分析）。

会上有问答环节（Bibliographic Control Webinar Q&A），以下录有回复的问题，并摘录与 MARC 相关的回答：

1. 有了 RDA，MARC 记录是否终将消失？ 如果是这样，MARC 记录还会用多久？

Diane Hillman：我想 MARC 记录最终消失要很长时间（如我在会上提到的，未来会有一个地方放经专门交换的有损耗的格式）。关键是我们要开始展望一个真正好的结果，在 MARC 世界之外普遍化的、以 RDA 元素及词汇作为数据交换基础。

Barbara Tillett：RDA 希望用于任何（元数据）方案或显示，因此 RDA 对 MARC 格式本身并不意味着什么。但是，RDA 提供了到 MARC21 及其他方案的映射（对照表）……RDA 初版只有少数对照表（附录 D 是 ISBD，附录 E 是 MARC21，可能链接 MODS/MADS 及 DC 对照表），未来我们希望增加更多。

如今很多 ILS 厂商内部并不使用 MARC21，只用于输入/输出书目与规范（有时还有馆藏）数据。只要 OCLC 及 ILS 厂商需要 MARC 格式交换数据，它就会存在，只是许多时候已经在用 ONIX XML、MARCXML，也能够以 XML 处理 MODS 及 MADS。IFLA 正在为 ISBD 元素创建 RDF XML 元数据方案，很可能 RDA 元素也会以 XML 形式提供。如 Diane 所说，映射 MARC21 数据到未来的 XML 方案，在转换过程中无疑会丢失某些数据，但大部分仍是可用的。MARC21 结构局限于建立什么关系与链接。

2. 如何鼓励厂商利用 RDA 及 FRBR 的优势？

3. 目前在图书馆学课程中是否教授 RDA 和 FRBR？ MARC 还会教多久？

Diane Hillman：我想只要我们交换 MARC 数据，就会继续教 MARC，只是多半不会像现在这样教。

Barbara Tillett：至于继续教 MARC21，它是编目史上一个绝对重要的部分，因此我希望未来很长时间内会被涉及，但希望编目员不必花太久时间继续学习 MARC21 编码。

6. （针对 Moen 的 MARC 字段调查）本研究是否考虑了记录创建日期相比

较于核心(记录)标准出版日期？似乎许多记录是在核心标准制订前创建的。

Barbara Tillett：很重要的一点！很奇怪的是，未来什么元素对用户重要这样的决定，要基于以前我们做了些什么。(以下对 656 字段统计数据有疑问。)

7. MARC 很大的一个原因是，它发展多年，为适应各界编目员的变迁与需求。RDA 词汇如何回应改变需求？

10. RDA 是否比 MARC 与 AARC2 更适应编目现实？

11. RDA 与书目本体(Bibliographic Ontology)关系？

13. 给 Diane Hillmann 的 3 个问题

(1)在"为什么不是 MARC"，你谈论的是 MARC21 句法(即 ISO2709)还是 MARC 元素集？ MARC 元素集也可以用 RDF/OWL。

Diane Hillman：当然是前者，但也是后者，我觉得很难把两个问题当做完全独立的问题。一个困难是 MARC 设计为平面记录，不易翻译到图书馆之外所用的那种数据结构与编码。比如已经有很多尝试把 URL 加入 MARC，但作为一种策略并不完全成功。还有其他限制也苦恼着 MARC(比如每字段的子字段数)。面对 MARC 数据的遗产，对 MARC 元素集进行大修是个很困难的过程，有点像毁坏一所旧房子的内部却仍住在其中(我曾试过一间间房修，并不是只在这儿考虑)。我认可你关于 RDF/OWL 的观点，但不认为是一个特别令人满意的策略，并且在我所见的业界，对此并无多少热忱。

(2)对不使用 RDA 的机构，未来的书目格式会是什么样的？MARC 一直独立于特定的编目规则(尽管最初以 AACR 开发并常与之关联)，CCO(编目文化对象)就是一个例子。

Diane：我想永远不会有"一个"用于所有人的书目格式，但非常有意思的未来会包含这样的想法：我们不必局限于只用一个，我们可以根据所需，选取所用。图书馆已经使用多种格式(及变体)，但仍未解决围绕这种多样性所产生的数据交换问题，而 RDA 元素与词汇的策略就是为此设计的。当然，CCO 并非严格的书目格式，但我想它肯定会从 RDA 所采用的这种面向未来的策略(主要是注册并开放可得的 RDA 词汇)中获益。

Barbara Tillett：这个提问似乎混淆了交换书目数据的格式/方案与编目指引——编目指引独立于任何编码方案的任何显示格式。即使现存的基于 AARC2 的数据也可不用 MARC 编码。可以遵循 AACR2、CCO 指引或 RDA 指引，把书目数据放入 MARC21 记录，或者一种 XML 方案，或者其他。对于 DACS、CCO、DCRM 及其他指引的开发者，肯定有机会与 RDA 开发者合作，形成共享原则基础上的结果,共享概念模型并兼容未来。每个专业团体会有更颗粒化的方法适应自己的对象。

(3)新的 RDA 格式如何与图书馆馆藏数据交互? 使用不同类型的 MARC 信息使我们集成数据(即书目、规范、馆藏、分类、社区信息)。

Diane Hillman:我对馆藏数据很有兴趣(我职业生涯的早年曾任期刊馆员和法律馆员)。不幸的是 RDA 并不能应付 MARC 用到的馆藏层次。我知道 Extensible Catalog 项目在转换大量 MARC 数据到 RDA 建立服务时,正试图加以解决,馆藏肯定是已得到关注的领域。考虑到大量的数据,我想你所提到的其他种类信息也会得到关注(或正被关注)。我会觉得,在基于更广泛结构与编码标准的世界,使用"家族式"集成书目标准的 MARC 概念或许并不理想。如 LC 的 LCSH 新网站使用 SKOS(简单知识组织系统)作概念词汇,如同 OCLC 的新 DDC 顶层,以及 NSDL 注册。FRAD 正在出现,表达名称规范。我一直是 MARC 社区信息格式的粉丝,悲哀的是它不大看到被采用。一个问题是它本质上并非"书目",因而使其未来不那么确定。我很乐意看到它在 Web 世界中"被重新发现"并重设想。

Barbara Tillett:RDA 不是一种格式,它是一套编目指引,用以识别我们希望在书目中控制事物的特征。如果你仍使用 ILS,而开始根据 RDA 描述事物,那么在可预见的未来,你仍会用 MARC 书目记录及 MARC 馆藏记录(及 MARC 规范记录)。

14. RDA 是否/如何提高编目效率?

Diane Hillman:如同最初 MARC 格式通过扩大目录记录的可获得性与复用,为图书馆提高效率,通过走出图书馆寻求数据与共享机会,RDA 同样具有再次为图书馆提高效率的潜力。我认为用 MARC,数据几乎全部由人工创建,我们已经达到了所能达到的极限。如果近距离看看我们之外的世界所做的,就可以看到我们有潜力既做数据提供者,也能做数据的用户。如地理名称服务(http://www.geonames.org/),图书馆可以方便地发现经纬度数据以提供地图服务,取代目前 MARC 数据中提供的仅人工可读的地理名称串。考虑在一个更现代的数据环境下,我们如何使用像这样已经存在的服务,事实上我们正面临经济挑战,需要重新思考使用昂贵的人力资源,这正是转向 RDA 所意味的。

Barbara Tillett:实现 RDA 的主要益处会随着基于 FRBR 系统的新编目系统开发而实现⋯⋯

(2009-11-08)

最佳编目参考网站

　　编目工作最令人感到挑战的地方,就是为完成一条书目记录,需要多方查询:或查询编目规则,或查询书目信息本身,更有可能是查询百科知识——无论是否具有其他学科背景,并非全才的编目员常常需要面对五花八门的学科文献。而要进行编目相关研究,更需要追踪不同来源的信息,这就需要准备好各种可供随时查检的参考资料。只是对大部分图书馆来说,并不具备物质上搜罗齐全这些资料的能力。是互联网让众多参考资料随手可得,需要做的就是汇集一处,要用时便可信手拈来。

用网上信息解惑——Google Print 编目应用实例

编目时对文献本身的信息会产生一些疑问,诸如某个信息是丛编名还是一般的介绍性文字,等等。不动脑筋的方法是问人,只是被问者也不见得知道。如果被问者随口一答,甚至可以质疑,其答复又何以见得是正确的呢?

我是属于懒得问人的。所以遇到这方面的疑问,采用的方法是"查",或者说"问"各种 OPAC,看看网上有没有类似的图书,看看类似图书是如何著录的。

有些翻译图书的问题,不是查查 OPAC 就可以解决的,需要原书来解惑。现在可以通过 Google Print 使用网上图书[注:Google Books 的前身]。这是我遇到的一个使用 Google Print 的实例:

果壳里的 60 年 = Sixty years in a nutshell/(英)S. W. 霍金等著;李泳译. ——湖南科学技术出版社,2005

这是一本文集,在各种 OPAC 中查并列题名,并无题名为"Sixty years in a nutshell"的原版图书。看图书版权页信息:

Martin Rees,"Our complex cosmos and its future"

James Hartle,"Theories of everything and Hawking's wave function of the universe"

Roger Penrose,"The problem of spacetime singularities:implications for quantum gravity?"

Kip Thorne,"Warping spacetime"

Stephen Hawking,"Sixty years in a nutshell" in Gibbons,Shelard & Rankin,(eds) The Future of Theoretical Physics and Cosmology. (c) 2003 Cambridge University Press

似乎书中各文出自 The Future of Theoretical Physics and Cosmology 一书。

用"Sixty years in a nutshell"查 Google Print,查到如下信息:

The Future of Theoretical Physics and Cosmology:elebrating Stephen Hawking's 60th Birthday by G. W. Gibbons, E. P. S. Shellard, S. J. Rankin-Science-2003-906 pages Page 105-6 Sixty years in a nutshell Stephen Hawking Centre for

Mat…Sciences, University of Cambridge 6.1 Introduction It was nearly 59.97 years in a nutshell. …

显示"Sixty years in a nutshell"确为霍金在"The Future of Theoretical Physics and Cosmology"中所写的一篇文章。点击有霍金头像的图书封面,再点击左栏"Table of Contents"(目次首页),可看到翻译书中各文均出自该书之"Part 1:Popular symposium"。

故可将原书名做到5XX中。

在知道书名的情况下,理论上也可通过A9(http://a9.com)或亚马逊(http://www.amazon.com)看有关信息,只要该图书有书内搜索(Search Inside)或书内浏览(Look Inside)。但本例中的书在亚马逊虽有书内搜索,也有目次页链接,但却未显示目次首页(显示了后续页)。

自然也有反过来的情况:亚马逊有某图书,而Google Print没有。如果只有目次中的篇名,似乎就很难查了——亚马逊的检索功能与Google不在同一档次上。

(2005-07-18)

用"豆瓣"的一站式图书搜索帮助编目

新的互联网服务越来越多,一不小心就会玩上瘾,陷入其中花费时间无数。所以,现在很小心,尽可能少碰那些新玩意儿,眼不见为净。

图书与电影评论网站"豆瓣",因所谓的Web 2.0而传得红红火火,但自己一直没有去看。某天不知怎地居然点到了那里,看网站功能是"收藏、推荐、评价、发表书评、以书会友、价格比较"。不敢随便注册,就在外面逛逛。

首页的快速搜索可以同时搜索到多个网上书店的图书。网上书店销售图书品种、价格各不相同,在此搜索,一则节省各处逐一搜索的时间,二则可以即时比价,很有吸引力。

如果自己想买书,先看看网友评论再作决定,比之卓越网这样只发称赞不发批评、为的就是多卖书的网站,更具可信度。

当然豆瓣还有很多其他功能,咱就浅尝辄止了。

今天碰到江晓原、吴燕著《紫金山天文台史稿:中国天文学现代化个案》(河北大学出版社,中国科学圣地丛书),与江晓原、吴燕著《紫金山天文台史》(山东教育出版社,中国近现代科学技术史研究丛书)同为2004年出版,很是相像。是不是同一种书的不同版本呢?虽然手边的这本《史稿》上只字未提,但鉴于目前一书多出与一文多发同样普遍,我觉得还是需要确定一下。

这回首先就想到了"豆瓣"。输入"紫金山天文台史",查到在"当当网"、"席殊书屋"和"旌旗网上书市"有山东教育出版社的那一本。链接到各家去看,席殊和旌旗上有目录片断,与手上的《史稿》对照,确认实为同一本书。

今天实际使用"豆瓣"后,发现两个欠缺。一是图书的价格与发货信息与各网站的实际信息不太吻合,不知道"豆瓣"是不是汇集这些信息后没有即时更新?二是目前书评还太少,暂时似乎还无法起到购书参考的作用。

不过,对我来说,单是一站式网上书店搜索功能就足够用了。

又:为什么叫"豆瓣"?请看信息周刊2005年8月封面报道《草根"豆瓣"》。

(2005-09-06)

最佳编目参考网站

入选标准:

- 免费,无访问限制;
- 工具性,非研究性;
- 权威性,质量佳;
- 检索速度快——在没有找到替代品的情况下,忽略此条。

分为知识类、标准类、数据类、语言类四大类(网站名称后括号内为网站界面语种)。

知识类:有什么不明白的,问它们可能比问他人更有用

大英百科全书:Encyclopaedia Britannica Online(英语)(http://www. britannica. com)

主要用途:用人物原名(西文)检索其国籍、生卒年、职业。其"简编百科"

(Concise Encyclopedia)检索结果摘要一目了然,并且可以免费看全文。用于辅助传记、文学、哲学等分类。查某些概念。

Answers. com(英语)(http://www. answers. com/)

收录范围较《大英百科全书》广,可补 EB 之不足。缺点是权威性不够,词条概述不够简练与精要,检索系统不够灵活。

用途:人物,学科新名词、概念,辞典、词典(翻译、成语等)。"翻译"部分含英语到多语种的辞典,有简、繁体中文解释;如果所检内容在其数据库中未收入,提供 Web 检索结果。特别:由日本名人的罗马拼写,获取日文汉字(来自"维基百科")。

如果用得感觉不错,可以下载一个插件"1-Click Answers"。安装运行后,任何时间按住,鼠标单击想查的词或姓名,就会跳出一个浏览器窗口,显示查到的内容,使用十分方便。(参见 Enjoy searching 之"好用 Answers. com"。)

智慧藏的《中国大百科全书》(汉语)(http://www. wordpedia. com/)

台湾智慧藏学习科技公司的内地《中国大百科全书》繁体字版。一二十年前的知识,略显陈旧,但毕竟是中文版的。支持繁体汉字、汉语拼音检索,可免费看词条的前面部分。

在另外两个台湾网站可以查看全文:

http://library. mit. edu. tw/web/(明志科技大学)

http://203. 64. 230. 194/web/

行政区划网(汉语)(http://www. xzqh. org/)

确定中国地名所属行政区域。该网站虽然不是官方网站,但内容相当专业,数据更新及时,与官方的"中国行政区划网"(http://www. xzqh. org. cn/)相比,其"地名索引"可按拼音或笔画,分别查找当前或历史地名,很实用。

用于辅助地方史志、地理志等的分类。

世界地名辞典:World Gazetteer(英语)(http://www. world-gazetteer. com/)

确定某地名所属国家、州/地区(search 选项,支持西文、俄文、希腊文、阿拉伯文检索)。主要用于确认出版国,包括美国的州、英国的大区(英格兰、苏格兰、威尔士和北爱尔兰)、加拿大的省,帮助著录出版国代码。

搜索引擎:

Google(多语种)(http://www. google. com)

凡是你不知道的,凡是你想问别人的,你可以养成一个习惯,试着问问 Google。

用于查某个概念、某个人物、某个地名、某国语言、某种出版物、某个计量单位等等,以及在没有专用参考工具时的最终依靠。

注意使用 Google 特殊功能。特别推荐:

- "define"或"定义":查概念定义;
- "计算器":单位换算。

Google 图书搜索

查西文图书信息如目次等。

还可以下载:Google 桌面工具条(Google Deskbar)。不用打开浏览器窗口,就可随时检索 Google 及其他预先设置的网站(参见"Google 桌面工具条的定制搜索")。

Google 经常水土不服,比较好的替代品:

汉语:百度(http://www. baidu. com)。

其他语种:A9(http://a9. com)。

A9 的长处是可以选择同时查找图书,新书在亚马逊中的命中率较高。

标准类:除了查它们,可能很难找到其他替代品

美国国会图书馆规范库:LC Authorities(英语)(http://authorities. loc. gov)

检索个人与团体责任者、会议名称(Name Authorities)、丛编名称(Title Authorities)的规范形式。用于中西文书目著录与规范。

如果手头没有印刷本 LCSH,可以参考相关书目记录。用此规范库作主题标引点击步骤过多,必须点击到规范记录界面,才能确认查到的主题规范(Subject Authorities)是题名主题(630)还是论题主题(650)等。

随着对名称规范要求的提高,中文编目在提供外国人名检索点时,也需要通过此规范库确认其规范形式。

MARC21 标准:MARC Standards(英语)(http://www. loc. gov/marc)

MARC21 官方网站。有 MARC21 简明格式(书目、规范等,附实例),以及中西文编目通用的各种 MARC 代码(国家、地理、语言等)。用于确认著录格式,著录有关代码字段。

手头应该备有相关 MARC 的手册。如果一时没有,可以参考本网站及 CALIS 联机合作编目中心网站。

各种代码以本站最全,且查找比翻印刷本方便、快捷,或许更完整、更新及时。

CALIS 联机合作编目中心(汉语)(http://www. calis. edu. cn/calis/lhml/)

"标准与文件"部分有中西文著录、分类、主题、规范原则,CNMARC、

MARC21 字段表(没有实例,但有各字段及其指示符、各子字段的说明),以及各种中西文编目用代码等。

"交流园地"也是值得参考的编目咨询网站。

其他:参考我的"编目标准网站"链接

数据类:参考世界各地的书目记录与图书信息

日本国立情报学研究所综合目录:NACSIS Webcat 或 Webcat Plus(日语/英语)

http://webcat. nii. ac. jp/(字符界面,速度快)

http://webcatplus. nii. ac. jp/

中文编目:以日本人名的罗马拼音查找其汉字形式,用于提供责任者检索点与规范记录。一些翻译书中常常只提供日本作者的罗马拼写名称,而同样拼写的日本人名,其汉字形式往往不能简单确定。

西文编目:检索日本出版的西文图书书目信息,用于书目著录。

德国国家图书馆 Z39. 50 网关:Die Deutsche Bibliothek—Z39. 50 Gateway(德语)(http://z3950gw. dbf. ddb. de)

检索德语文献书目信息。

西文编目:用于辅助著录及主题标引。

中文编目:由原题名等信息查找中译作品的作者原名。

法国联合目录 CCFR (Catalogue collectif de France)(法语)(http://www. ccfr. bnf. fr/accdis/accdis. htm)

检索法语文献书目信息。

西文编目:用于辅助著录及主题标引

中文编目:由原题名等信息查找中译作品的作者原名。

[友情提示:教育网访问速度奇慢。]

以上均为无法通过 Z39. 50 访问、直接套录 MARC 记录者。更多书目记录来源可参见:

- 我的"书目资源网站"链接
- "Z39. 50 服务器信息"

图书信息:

Google 图书搜索(http://books. google. com)

亚马逊网上书店 Amazon(http://www. amazon. com)或 A9(http://a9. com)

查西文图书信息(书目信息及目次、部分文本):豆瓣(http://douban. com)。

一站式搜索多个网上书店,再链接到网上书店查中文图书信息(书目信息及目次)。

语言类:有此类网站相助,减少因语言障碍所致的无奈

巴别鱼翻译 AltaVista-Babel Fish Translation(英语)(http://world. altavista. com/tr)

多语种互译,有荷、法、德、意、萄、俄、西译成英语及部分反译,还有 CJK 与英语的互译。用于辅助小语种文献的分类与主题标引。

语言猜测家 Language guesser (英语) (http://www. xrce. xerox. com/competencies/content-analysis/tools/guesser-ISO-8859-1. en. html)

如果连需要让翻译网站帮忙翻译内容的语种也不知道,就应该先请语言猜测家帮忙告诉自己那些文字的语种。输入一个句子或一个题名,确认语种准确性极高。用于:

中西文编目:并列题名的语种;

西文编目:语种不明图书,再由在线翻译网站辅助翻译有关内容。

说明:

●其实不过是本人平常编目时用得顺手的几个网站,取一个哗众取宠的标题而已。

●上述网站的功能并不限于文中,所述不过是对编目而言最需要的功能。

●很遗憾以外文为主,因为免费而又好用的中文编目参考网站所知不多。

●翻译方面:英语翻译一般金山词霸和东方快车等软件较通用,且可从网上下载安装,故未推荐线上翻译的网站;日语网上翻译速度均太慢而不实用。可以用金山词霸(中日英版)即指即译。

[附加说明:部分在 2010 年的时候可能已经不复存在,在此留下一个时期的网络印记。]

(2005-12-30)

编目研讨信息源一览

权威机构网站

IFLA 编目专业组 (http://www. ifla. org/VII/s13/index. htm)

IFLA UNIMARC 核心活动 (http://www. ifla. org/VI/8/up. htm)

AACR 修订联合指导委员会 (http://www. collectionscanada. ca/jsc/)

MARC21 标准网站 (http://www. loc. gov/marc/)

《中图法》网站（http://www.nlc.gov.cn/forlibs/zhongtufa/index.htm）

博客（Blog）（可以使用 RSS 订阅）

• Catalogablog（http://catalogablog.blogspot.com/）

与编目有关的各种信息，David Bigwood 都会及时报道。

• The FRBR blog（http://www.frbr.org）

有关 FRBR 的各种信息，William Denton 都不会遗漏。

• 025.431：The Dewey blog（http://ddc.typepad.com）

• York Libraries Bib Blog（http://yorkbibblog.blogspot.com/）

• cataloging problems and resolutions（http://catproblems.blogspot.com/）

• Texas Regional Group of Catalogers & Classifiers（http://community.livejournal.com/trgcc/）

• 编目精灵（http://catwizard.blogchina.com）

• 一叶舟（http://blog.lib.usc.edu.tw/blog/Debra）

[始于 2006 年 6 月的台湾部落格，追踪最新进展，链接丰富；2006/8/21 update]

• 飞云的博客（http://topflyer.blogchina.com/index.html）

• 太平洋彩鱼（http://catalufa.blogchina.com/index.html）

彩鱼新家：编目 123（http://catalufer.blog.sohu.com）[2006/5/30 update]

• 简·德（http://janed.blogchina.com）[2006/3/30 update]

• 学习馆员的 BLOG（http://blog.sina.com.cn/u/1225420140）

[始于 2006 年 4 月，以韩国/朝鲜文编目为特色；2006/4/11 update]

• MARC 软件工作室（http://cnmarc.blogchina.com/）（2004/12/30—2005/01/17）[2006-6-28 update]

• 厦门大学图书馆编目部（http://www.catalog.3322.org/）

讨论组（可以用电子邮件订阅）

RDA-L（http://www.collectionscanada.ca/jsc/rdadiscuss.html）

AACR 修订指导委员会就修订 AACR、编制 RDA 建立的邮件讨论组。

美国国会图书馆 MARC 标准网站的邮件讨论组

1. MARC Forum（http://listserv.loc.gov/listarch/marc.html）

2. UNICODE-MARC Discussion List：（http://listserv.loc.gov/listarch/unicode-marc.html）

IFLA 邮件讨论组（http://www.ifla.org/II/iflalist.htm）

部分均限相关委员会成员，FRBR、UNIMARC-DIS 开放订阅：

1. FRBR（http://infoserv.inist.fr/wwsympa.fcgi/info/frbr）

2. UNIMARC-DIS（UNIMARC 用户讨论组）：http：//infoserv. inist. fr/wwsympa. fcgi/info/unimarc-dis

3. CATSMAIL（编目专业组指导委员会）：http：//infoserv. inist. fr/wwsympa. fcgi/info/catsmail

4. CLASS（分类与标引专业组）http：//infoserv. inist. fr/wwsympa. fcgi/info/class

5. FRANAR（书目控制部下的规范控制工作组）：http：//infoserv. inist. fr/wwsympa. fcgi/info/franar

6. MULDICAT-L（多语种编目辞典）：http：//infoserv. inist. fr/wwsympa. fcgi/info/muldicat-l

AUTOCAT（http：//listserv. buffalo. edu/cgi-bin/wa？ A0 = autocat）

与编目与规范控制相关问题的国际讨论组。始于 1991 年？大概是编目方面历史最悠久的邮件讨论组了。需要订阅才能检索存档，发送信息。

bit. listserv. autocat（http：//groups. google. com/group/bit. listserv. autocat）

Google 讨论组，1993 年 12 月至 1998 年 4 月讨论内容很热烈，此后内容零落。大概是上面的 AUTOCAT 在 usenet 新闻组时代的遗存。无需注册，如果想了解历史可去一览。

Free MARC Records（http：//groups. yahoo. com/group/Free_MARC_Records/）

新发现的雅虎讨论组，2001 年建立，有 563 位成员——免费的大家都喜欢：提供免费访问 MARC 记录的网站，建立者 Steve Pomes 希望各国有兴趣的馆员加入，鼓励国际合作与资源共享。

OCLC-Catloging（http：//listserv. oclc. org/archives/oclc-cat. html）

OCLC 的编目讨论组。

论坛与网上咨询

全国图书馆联合编目中心：

论坛（http：//olcc. nlc. gov. cn/bbs/index. asp）

网上咨询（http：//olcc. nlc. gov. cn/ask_00. htm）

CALIS 联机合作编目中心：

交流园地（http：//www. calis. edu. cn/CALIS/lhml/lhml. asp？ fid = FA05&-class =1）

［说明：部分在 2010 年的时候可能已经不复存在，在此留下一个时期的网络印记。］

（2006-03-29）

网上编目参考资源一览

首页的"编目标准网站"和"书目资源网站"链接越来越长了。现略作整理、补充,整理成一篇放在此。本表不求齐全,以实用为主,"著录与格式"、"分类、主题与著者号"部分提供的都是有全文或部分全文的资源,"书目资源"部分提供的是部分国家的国家图书馆或主要联合目录的 WebOPAC。

著录与格式

书目记录的功能需求(FRBR)(http://www.ifla.org/VII/s13/frbr/frbr.htm)

国际标准书目著录(ISBDs)(http://www.ifla.org/VI/3/nd1/isbdlist.htm)

简明 UNIMARC 书目格式(http://www.ifla.org/VI/3/p1996-1/concise2.pdf)

UNIMARC 手册:规范格式(http://www.ifla.org/VI/3/p2001/guideindex.htm)

MARC21 官方网站(http://www.loc.gov/marc/)

JAPAN/MARC 格式(http://www.ndl.go.jp/jp/library/data/jmarc.pdf)

JAPAN/MARC(UNIMARC 版)(http://www.ndl.go.jp/jp/library/data/ndlunimarc.pdf)

OCLC 书目格式与标准(http://www.oclc.org/asiapacific/zhcn/bibformats/default.htm)

CALIS 编目中心业务文件(http://www.calis.edu.cn/calis/lhml/lhml.asp?fid=FA0307&class=2)

中科院联合编目系统标准与规范(http://159.226.100.141/Union/user_info.jsp)

分类、主题与著者号

中国图书馆分类法（http://202.196.16.22/reaguide2/clc/index.asp）

中图法(四版)查询系统（http://www.33tt.com/tools/ztf/）

中国图书馆分类法(第四版)简本(130 页；PDF 文件)

美国国会图书馆分类法（http://www.loc.gov/catdir/cpso/lcco/lcco.html）

杜威十进分类法（DDC）（http://www.oclc.org/dewey/resources/summaries/default.htm）

国际十进分类法（UDC）（http://www.udcc.org/outline/outline.htm）

ACM 计算分类法（http://www.acm.org/class/1998）

数学主题分类法（MSC）（http://www.ams.org/msc）

物理与天文学分类法（PACS）（http://publish.aps.org/PACS/）

光学分类与标引体系（OCIS）（http://www.osa.org/pubs/ocis/）

日本十进分类法（NDC 新订 9 版）（http://www.asahi-net.or.jp/~ax2s-kmtn/ref/ndc/ndc.html）

日本国会图书馆分类表（NDLC）（http://www.ndl.go.jp/jp/library/data/ndl_ndlc.html）

美国国会图书馆标题表(LCSH)（http://fantasia.cs.msstate.edu/lcshdb/index.cgi）

医学主题词表(MeSH)（http://www.nlm.nih.gov/mesh/meshhome.html）

日本国会图书馆件名标目表（NDLSH）（http://www.ndl.go.jp/jp/library/data/ndl_ndlsh.html）

克特著者号码表（http://librarian.or.kr/reference/mark/cutter1.htm）

LC 克特表（http://www.itsmarc.com/crs/cutr0001.htm）

书目资源

美国国会图书馆规范库（http://authorities.loc.gov）

美国国会图书馆目录（http：//catalog. loc. gov）

美国国会图书馆 Z39. 50 网关（http：//www. loc. gov/z3950/）

OCLC Open WorldCat（http：//www. oclc. org/worldcat/open/tryit/）

RedLightGreen（http：//www. redlightgreen. org）

加拿大国家目录（http：//amicus. collectionscanada. ca/aaweb/aalogine. htm）

澳大利亚国家图书馆目录（http：//catalogue. nla. gov. au/）

澳大利亚图书馆搜索（http：//librariesaustralia. nla. gov. au/apps/kss）

不列颠图书馆集成目录（http：//catalogue. bl. uk/）

英国 Copac 联合目录（http：//copac. ac. uk/copac/）

德国图书馆 Z39. 50 网关（http：//z3950gw. dbf. ddb. de/）

德国卡厄斯鲁尔虚拟目录 KVK（http：//www. ubka. uni-karlsruhe. de/hylib/en/kvk. html）

法国联合目录（http：//www. ccfr. bnf. fr/accdis/accdis. htm）

日本国会图书馆目录（http：//opac. ndl. go. jp/）

日本 NACSIS 联合目录（文本版：http：//webcat. nii. ac. jp）（图形版：http：//webcatplus. nii. ac. jp）

韩国国立中央图书馆搜索

（http：//www. nl. go. kr/nlmulti/search/broad _ search/search/search _ brief. php？ lang_mode = c1）

中国国家图书馆联机公共目录查询系统（http：//www. nlc. gov. cn/res/index. htm）

（"浏览"方式可兼查规范记录）

CALIS 公共目录检索系统（http：//opac. calis. edu. cn/）

台湾地区图书联合目录 （http：//nbinet1. ncl. edu. tw/screens/opac _

menu. html）

［说明：部分在 2010 年的时候可能已经不复存在，在此留下一个时期的网络印记。］

（2006-04-10）

没有账号，如何查 OCLC 联合目录

首先，为什么要查联机计算机图书馆中心（OCLC）的联合目录 WorldCat？编目员的主要理由是参考那些别处没有文献的编目信息，尤其是主题标引词。由于 OCLC 成员馆众多，普通读者（国外）则有查某书有哪个图书馆收藏的需求。

其次，没有 OCLC 的 WorldCat 或 FirstSearch 账号，如何查 WorldCat？答案是查 Open WorldCat（简称 OWC）。尽管 OWC 可能只是 WC 的一个子集，聊胜于无（简称 WorldCat 为 WC，在我们看来甚为不雅，却是从 OCLC 首席科学家 Thom Hickey 那儿看来的）。

OCLC 在去年向搜索引擎开放了它的联合目录库，但一直没有直接提供网页搜索。在浏览器地址栏输入 OCLC 注册网址"www. worldcatlibraries. org"，会将页面引导到 OWC 项目的主页，而不是检索页面。所以，通过 Google 和 Yahoo 成了查 OWC 的唯一方法。

Google 的检索方法是站内搜索，在搜索框内输入检索词（如书刊题名），然后加上"site：worldcatlibraries. org"即可。不熟悉 Yahoo 的语法，用"site："限定，似乎检索结果很少。在结果页面，OWC 的检索结果均以"Find in a Library："起首，直接单击链接即可。Google Scholar 检索结果的"Library Search"链接有相同效果。

我比较喜欢使用 Google 桌面工具条（Deskbar），只要在选项中定制"http://www. google. com/search? sitesearch = worldcatlibraries. org&q = {1}"，或者"http://search. yahoo. com/search? vs = worldcatlibraries. org&p = {1}"，无须打开浏览器，在桌面工具条的输入框中输入检索词，就可通过 Google 或 Yahoo 直接检索 OWC 了。

145

现在有了第二种查 OWC 的途径。因为上月底 OCLC 发布了 OWC 的新进展,提供经由 ISBN、ISSN 和 OCLC 控制号直接查 OWC 的功能(Link directly to an ISBN/ISSN in Open WorldCat)。基本的 URL 句法如下:

ISBN:http://worldcatlibraries. org/wcpa/isbn/[ISBN number]

ISSN:http://worldcatlibraries. org/wcpa/issn/[ISSN number]

OCLC Number:http://worldcatlibraries. org/wcpa/oclc/[OCLC number]

虽然仍然没有提供检索页面,但只要在浏览器地址栏中输入上述 URL 及号码(代替方括号及其中内容),便可直接得到 OWC 的检索结果,方便不少。但只有知道 ISBN 和 ISSN 时才可用,使用局限性较大。(另:已有评论质疑,为什么不采用 OpenURL 语法)

在 OWC 结果页面,现在出现了一个绿色的“Buy it Now”链接——原来 OCLC 不让亚马逊专美,自己开起了图书专卖店“WorldCat Store”(“worldcatstore. org”注册日期 2005 年 6 月 29 日)。

于是,我们有了第三种查 OWC 的途径——通过 OCLC 主页中的“Buy it Now”页面(http://www. oclc. org/worldcatstore/)。上面集成了 Google、Google Scholar 和 Yahoo Search 3 个检索框。有兴趣可以对比一下 Google 与 Yahoo 检索结果在数量与排列顺序上的差异:查“information retrieval”,Google 有 3930 个,Yahoo 只有 837 个。差异如此之大,不知是 OCLC 向它们提供的内容有别,还是索引的字段与算法不同。

OCLC 的两位首席科学家为 OWC 的新进展分别写博。除了基本介绍,及强调可取代亚马逊提供图书信息链接外,还各有特点:

Lorcan Dempsey's weblog:Book handles,同时介绍购书功能。

Outgoing/by Thom Hickey:Links into Open WorldCat,举《傲慢与偏见》为例,提示“相关”中提供“其他版本”(Other editions of item)链接,是 FRBR 的应用。

(2005-08-03)

更新(2005-09-26):

发现了与第三种途径“Buy it Now”相同的另一个检索地址——OCLC 的“Try it for yourself”(http://www. oclc. org/worldcat/open/tryit/)。

更新(2006-08-10):OCLC 联合目录 WorldCat 全公开。

亚马逊的图书馆业务:订书即时提供 MARC 记录及其他

亚马逊(Amazon)近日宣布引入图书馆加工业务(Library Processing),包括给精装书加上聚酯薄膜护封,为图书和光盘(CD、DVD、视盘)提供 MARC 记录、书标与条码。

由于有成熟的编目外包商,亚马逊并不是自己做编目,而是选择与 TLC (The Library Corporation)、MARCIVE 和 OCLC 三家编目商合作,图书馆可以从中任意选择。MARC 记录由编目商直接向图书馆提供,编目商另向亚马逊提供书标与条码信息,亚马逊给书加护膜,并将打印好的书标、条码与商品一并发送给图书馆。由于需要加工,发送时间会推迟三天左右。

因为不熟悉全外包的情况,经常很疑惑,外包公司如何提供书标——允许索书号有重号? 另外,只有不到三天时间,对于没有现成 MARC 记录的图书或光盘怎么办? MARCIVE 说提供一条简编记录,保证100%命中——编目商可能都没见过该商品,怕只能根据亚马逊的信息"简编"了。

三家的定价策略与价格各有不同:

TLC 的价格

MARC records for books or media $0. 50

Spine labels $0. 08

Pocket labels $0. 10

MARCIVE 的价格

MARC record with Authority Control. ... $0. 33

AV MARC record with Authority Control. ... $1. 58

Book label set. $0. 08

Smart barcode $0. 05

OCLC 提供的是它们的 PromptCat 套录服务,网上没有找到价格,恐怕是三家中最贵的。

另外,作为一个大书商,提供阅选订购(Approval Plan)似乎也是顺理成章的事。亚马逊的图书馆员主页(Librarian's Home Page/Librarian's Store),介绍了

"亚马逊阅选订购单"(Amazon Approval Slips)。

可以自己在网上定制订书要求(Create a Monthly Amazon Approval Slip),选项有出版日期(当年、当月、下月),宽泛主题(21 个通俗大类)、详细主题(自己输入关键词)及出版社。似乎太简单了一些,尤其是没有文献读者对象的选择,或许适应一般公共图书馆的需要。因为对于大学及研究图书馆,除了主题之外,学术著作还是非学术著作,入门级还是研究级,对确定是否入藏至关重要。

阅选书单每月一次通过电子邮件发送,信息包括封面图像、产品细节(装帧、页数、ISBN、作者、出版社、出版年、评级、亚马逊销售排行、简介等)、原价与折扣价,可以即刻勾选下订单。

不知道国内像当当、卓越这样的网上书店是否也有类似面向图书馆的服务? 或者国内图书馆采购走的根本是另一条完全不同的路。

(2006-08-02)

由亚马逊数据直接获取 MARC 记录

Catalogablog 介绍了一个编目工具(Cataloging Tool):Outagamie Waupaca 图书馆系统的 Charles Ledvina,创建了一个使用亚马逊的商品 XML 数据创建 MARC 记录的工具。只需输入亚马逊的商品编号 ASIN,程序就会返回一个相当完整的 MARC 记录。如果用 Firefox 浏览器,还提供有 greasemonkey 脚本,可以实现同样功能。

到 chopac 网站上看这个"Amazon to Marc Converter"工具:

Enter ASIN: [ ] Go

☐ Do NOT Convert to Lowercase

☐ Do NOT Include Subject Headings

☐ Do NOT Use Editorial Review as Summary

输入 ISBN(亚马逊在没有 ISBN 号的情况下用自己的 ASIN),"go"就可以生成 MARC 记录。生成的 MARC 记录可编辑,并且可以"Download"成 2709 格式,方便转入书目系统。

生成的 MARC 记录,从字段上看还是相当完整的,充分利用了可获得的信息。另外亚马逊的编者评论作为摘要,也可以为读者提供不少信息。

自动生成问题自然是有的,主要是规范方面,首先责任者名称就是未经规范的。另外比较明显的是主题,虽然标成 LCSH 的,但一眼便知不过是些关键词。因之头标标为完整级,自然也是说不过去的了。

然而无论如何,在需要原始编目的情况下,让这个工具生成一下,还是可以省不少力的。

展望一下,如果该系统(或类似系统)再增加一些"智能",与规范系统做一些链接处理,高质量的自动 MARC 编目似乎已不是那么遥不可及的了。

(2006-08-22)

出版社成为图书馆外包商

《出版人·图书馆与阅读》宣传号(2006 年 7 月)报道了多家出版社或成立图书馆服务/装备部,或在网站上设置图书馆专区,有些还提供 MARC 数据。

看了五家出版社网站:

- 化学工业出版社:图书馆资讯
- 人民邮电出版社:图书馆区
- 北京出版社:书目下载
- 机械工业出版社:书目下载
- 中国人民大学出版社:书目下载

人民邮电出版社的图书馆区做得最用心,而化学工业出版社下载书目定制性较好。五家都在网站上提供信息含量不一的 EXCEL 格式订购目录,其中人大出版社和人民邮电出版社还提供 MARC 格式编目数据。化学工业出版社则称联系出版社,可以获得电子书目、采访数据、现采查重,"第一时间提供新书采访数据(CNMARC、DBF、XLS 格式)"。

最有意思的是人大出版社,分别提供国图编目数据和 CALIS 数据。从 MARC 记录看,似乎指的不是数据提供者,而是指数据符合某方标准。不过两种数据基本都是按国图格式的（头标、丛编、版本等），差别似只在拼音，一个用 $A、一个用 $9。而邮电社的记录则为 CALIS 格式的。国图与 CALIS 数据格式不一致，还真是让出版社困惑呢。

从营销方面考虑，在网站上提供 MARC 数据主要为书商提供方便，书商免费得到大量 MARC 数据，降低向图书馆配送 MARC 记录的成本。而对图书馆来说，在网上直接获取 MARC 数据，无论按类别、按时间还是定制方式，都没有什么意义。要降低编目成本，图书馆更需要的是像书商那样的现采配送 MARC 记录。这对于有 MARC 数据的出版社来说是完全可以做到的。

该宣传号第 39 页记者韦英平的"以馆配为龙头：机工社全面做大销售渠道"，介绍机械工业出版社的图书馆服务模式："业务流程上，实施科学化管理，形成了一套从采访编目、图书加工（如盖馆藏章、贴标等）到物流服务的科学化、系统化的业务流程。"原来出版社也变成图书馆的外包商了。文中还说，清华大学、人民邮电、化学工业、建筑工业、法律出版社等大社都在加强图书馆直销业务。

（2006-08-21）

网上规范资料

  编目工作中一个极其重要而又常被忽略的概念,就是规范控制。所谓规范控制,可以理解为在目录中集中有不同名称的同一作品或同一责任者,区分同名的不同责任者或不同连续出版物等等,让用户得以更完整、准确地获取书目信息。我国目前的现状是,虽然在编目中对检索点的规范有所重视,但仅有少部分图书馆在做规范控制方面的工作,将规范控制纳入日常编目工作流程,是今后需要努力的方向。了解散见于不同机构网站的规范资料和规范数据库,将有助于编目规范工作的有序开展。

外国名人的名称规范

王保贤总结在学术著作中,一个外国人有现成的中文译名,而译者却要另取新译名的 3 种情况:

1. 译者认为现成的译名不妥,需要有新译名来代替;

2. 译者要标新立异,别出心裁;

3. 译者根本不知道自己所要译的这个外国人的人名已经有了现成的译名,或者压根不了解这个外国人的基本情况。有两种可能:一种可能是这个外国人在中国还不出名,其中文译名不为学术界和翻译界的大多数人所了解;另一种可能则是这个外国人在中国已经比较出名,起码在有关专业领域是出名的,但译者本人却不了解这一情况。

王保贤作上述分析,是因为看到某译著放着现成的中译名不用,自已硬译多个广为国内学术界所知的外国人名,让人有对不上号之感。

中文编目时,也常碰到中译名的规范问题,包括责任者与人名主题。具体分析,依编目员工作"认真负责"程度,存在以下几个问题:

1. 图书本身对作者译名处理随意,如王保贤所总结的 1—3 点都有可能,总之是一个人,被译成了不同的名称。编目时,按图书中的形式照录。

2. 图书中用了学术界通译,而编目员不予采纳,根据原文查找《世界人名词典》加以"规范"。

3. 套录下来的记录,采用了学术界通译作规范名,与图书中形式不同。编目员按上述 1 或 2"修改"原记录。

做规范记录或取人名的规范形式,对编目员的知识面有比著录、标引更高的要求。对于不熟悉的主题,编目员一般都有自知之明;但著录一个人名时,一般编目员似乎很少考虑他/她是否学界名人,或者即使知道,也不知道如何查得其通译形式。

王保贤认为如果译者不了解他所译作品中的外国名人,就"不适宜于翻译他所面对的那篇文章或那本书"。如果对编目员也有如此要求,那么就没法玩儿了。

原文出处:王保贤"你能把葛兰西与'格拉姆齐'对上号吗? ——也说外国人名的翻译问题",《文汇读书周报》2005 年 2 月 11 日第 7 版

(2005-02-16)

第四次中文文献资源共建共享合作会议之中文名称规范

今天看 2005 年第 1 期《新世纪图书馆》,才知道 2004 年 11 月 15—18 日召开过"第四次中文文献资源共建共享合作会议"。从 2000 年起,分别在北京、台北和澳门举办了前三次会议。《新世纪图书馆》刊登了部分发言内容,江苏文化网有会议主页。

我对 3 个有关中文名称规范数据库的"合作项目"报告感兴趣。只是看完仍觉得是各说各话,各做各的,看来是有限合作,至多是内容合作,在实体上大概不会变成一个的,将来或许可以形成一个中文虚拟名称规范库。

综合谢琴芳"CALIS 中文名称规范数据库建设方案及其实施进展"(内容与题名网上有所不同)和谭文力"中文名称规范数据库的建置与发展概况"两个报告,现有与中文名称有关的重要规范库情况如下:

中国国家图书馆:1995—;50 + 万条,增 6000/月;UNIMARC;UTF-8 字符集;统一标目为简体中文,拼音以单字为单元。标准:《规范数据款目规则》《中国机读规范格式》《中文图书名称规范数据款目著录规则》。

HKCAN(香港 7 所大学图书馆合作项目):1999—;12 + 万条;MARC21;UTF-8 字符集;统一标目为汉语拼音,依据《中国人名汉语拼音拼写法》;7XX 繁体中文,4XX 韦氏拼音。

中文名称权威资料库(Chinese Name Authority Database,简称 CNAD,台湾"中央图书馆"/台湾大学图书馆):1990—;52 万多条/26 万多条(?);CMARC/MARC21;Big5/CCCII 字符集;繁体中文? 标准:《中文名称权威数据库使用手册》《中文名称权威数据库维护手册》电子版。

CALIS:2003—,尚未正式使用;46 万多条;UNIMARC,提供 MARC21 转出;UTF-8 字符集;统一标目简体中文、繁体中文、外文,汉语拼音?

(2005-02-20)

网上规范资料：规则、机读格式及规范库

《规范记录与参照指南》(2001 年第 2 版)

Guidelines for Authority Records and References(2nd ed. , 2001)

http://www. ifla. org/VII/s13/garr/garr. pdf(PDF 文件,294K)

IFLA 的 GARR,是 1984 年出版的"规范与参照款目指南"Guidelines for Authority and Reference Entries (GARE)的修订版。

《个人名称》(1996)

Names of Persons(1996)

http://www. ifla. org/VII/s13/pubs/NamesOfPersons_1996. pdf(PDF 文件,11M)

《团体名称标目结构》(最终报告,2000)

Structures of Corporate Name Headings(Final Report , November 2000)

http://www. ifla. org/VII/s13/scatn/final2000. htm

《UNIMARC 规范格式》(1991 版)

UNIMARC/Authorities 1991

http://www. ifla. org/VI/3/p1996-1/uniafull. htm

《UNIMARC 手册—规范格式》(2001 简版)

UNIMARC Manual—Authorities Format 2001 (Concise version)

http://www. ifla. org/VI/3/p2001/guideindex. htm

第 2 版,修订扩大版

UNIMARC Manual—Authorities Format 2001 (Concise version)

http://web2. kwangju. ac. kr/ ~ jahookim/myhome/UNIMARC-9. htm

开始在 IFLA 网站上没找到 2001 版规范格式,倒在这个韩国大学网站上找到了。

《中国机读权威记录格式》(台湾,1994 年)

http://datas. ncl. edu. tw/catweb/2-1-7. htm

唯一查到的中文规范资料,引用标准中只有 GARE 和 UNIMARC 手册 (1987 版),没有 UNIMARC 规范。不知道现在有没有根据 UNIMARC 规范 2001 版的更新版。

《MARC21 规范数据格式》(简版)

MARC21 Concise Format for Authority Data(2004 Concise ed, 2000 ed. , update no. 5)

http://www. loc. gov/marc/authority/ecadhome. html

美国国会图书馆 MARC21 标准网站,目前是 2004 版(2000 版第 5 次更新本)

美国国会图书馆规范库

Library of Congress Authorities

http://authorities. loc. gov

含主题、名称、题名和名称/题名规范。

不是我崇洋,实在是查了半天,查到的网上工具性的中文规范资料少得可怜。我也希望网上有国家图书馆的《中国机读规范格式》,却只查到了台湾的"机读权威记录格式"。好歹是中文版,都是依据 UNIMARC 及 GARR 前身 GARE 制订的,差别大不到哪里去。

我更希望国家图书馆的"中国名称规范数据库"、"中国主题规范数据库"能够像 LC 规范库那样可以在网上自由使用。只是想到连深受西方熏陶的港人,都守着 HKCAN 不肯开放,便断了此念。

另:还有一个与《书目记录的功能需求》(FRBR)相应的重要规范文件值得注意:《规范记录的功能需求与编号》(Functional Requirements And Numbering of Authority Records,FRANAR)。

尽管名称如雷贯耳,受到不少关注,这个神秘文件似乎至今仍未完成。其工作小组于 1999 年成立以来,正式文件只见到一个 2000 年在曼谷召开会议的备忘录。

(2005-05-14)

参见:《规范记录的功能需求》(FRAR)新鲜出炉 (2005-08-01)

国家图书馆规范库

一直以为国家图书馆的规范库没有公开提供检索,前些日子经高人指点,才得知通过它的联机公共书目查询系统,原来是可以查到规范记录的。

经一番摸索,了解到系统中题名、著者和主题三种规范记录都有。查找方法是:

- "匿名登录"后,选择多库检索的"浏览";
- 输入检索词,选择要浏览的索引(题名、著者、主题);
- "确定"后出现结果列表。

如果有规范记录,就会在检索词后出现"名称规范记录"(题名或著者)或"主题规范记录"。点击规范记录链接,即可看到规范记录(非 MARC 格式)。

从分别检索题名"红楼梦"和"石头记"看,国家图书馆的规范只做规范款目,不做参照款目;采用汉字为规范标目,逐字小写拼音为并列标目。

从分别检索著者"鲁迅"和"周树人"看,人名拼音也是逐字的,而非通用的人名拼写方式(姓、名为两段,分别以大写字母起首);参照做得比较少,原名、字号等虽在附注中说明,但没有做单纯参照。另外,并非所有书目记录的标目都经过规范,如除规范形式"鲁迅(1881~1936)"外,书目记录中还有两种非规范形式的标目存在。

查了多个主题词,主题规范过于简单,只有汉字规范标目、逐字小写拼音并列标目及英语单纯参照,没有主题词间关系。不能作为主题词表用,但可以用来确认某词是否为规范的主题词。沿用至今的《汉语主题词表》年久失修,虽然在断断续续地增补新词,但零零落落不便使用。如果国家图书馆目录中的主题词规范是实时更新的,那么认真的编目员可以用其 OPAC 作为联机主题词检索工具,真是有福了。

有兴趣时,可以对国家图书馆的规范库作一番研究。

国家图书馆使用的藏书票(Ex Libris)公司 Aleph 系统,规范系统与书目系统整合为一体:

在"检索"界面,通过非规范名称,可以直接查到检索结果。如输入"周树人",出现鲁迅作品一览。

在"浏览"界面,也可以由非规范名称,通过链接查到使用规范名称的书目记录。如输入"周树人",点击"见:鲁迅(1881~1936)",同样出现鲁迅作品一览。

受规范控制的 OPAC 对用户使用更便利,也更能体现出规范记录存在的必要性。就这一点而言,比美国国会图书馆规范库与书目库分列的方式更优越,也是目前 OPAC 的一种趋势。

(2005-09-27)

美国国会图书馆人名规范政策的小变化(附 RSS 新应用)

　　LC 名称规范在世界范围内被广泛采用,规范记录的小小变化也会涉及相当多的书目记录,所以 LC 对修改规范记录持审慎态度。我们已往曾见到不少早已去世者,在 LC 的人名规范记录中生卒日期仍采用开口形式,就是 LC 尽可能少地改变规范记录政策的反映。

　　AACR2 第 22 章"个人标目"中区别相同姓名的附加"22.17 日期"的规定是:"如果标目与另一标目相同,则……加上个人的日期(生卒等)作为标目的最后一个单元。"同时另有一个选项:"对任何姓名均加日期,即使不必区别于其他标目。"LC 一直以来采用的是前面的规定,即只在名称有冲突的情况下才启用生卒日期。LC 去年希望修订相关规定,为个人名称增加日期。但广泛征求意见的结果,只作了很小的改变。因为规范记录改变后,书目数据库需要因之做全域更新,但并非所有书目数据库都支持全域更新,并且可能需要更新的数量太大,对书目数据库有影响。目前修订后的规则 LCRI"22.17"只涉及前述去世者日期开口的情况,以免不著录去世日期有误导之嫌。

　　LCRI 是 LC 制定的对 AACR2 的解释或实施细则,编号与 AACR2 的编号相对应。新的 LCRI"22.17"包含一个新的选项,即编目员可对日期开口的个人名称标目增加去世日期。本次改变仍沿袭 LC 一贯的审慎,这只是一个"选项",也就是说图书馆可以不改变原来的做法。

　　为采用这一新规则,LC 自 2006 年 2 月 6 日至夏天,实施"增加去世日期特别计划",将由程序给数百个个人名称标目加上卒年。除了这一特别计划外,LC 日常实施新规则的规定是:

　　1. 一般编目员如果在编目中,或者例行规范文档维护(如解决同名冲突)过程中,发现书目记录所用个人名称标目有开口日期,则加上去世日期。在完全了解了这一改变会产生的影响后,未来可能会宣布增加去世日期的更宽松政策。

　　2. 除非有冲突,现存规范记录中没有任何日期的个人名称标目,不增加生卒日期。

3. 如果首次建立名称规范记录,可以给标目加上生卒日期,即使 LC 的书目记录中存在的同一人的个人名称标目没有日期。[如果经常查 LC 规范库,就知道有一些标目只有书目记录在用,没有规范记录。]

4. 如果差别只是增加去世日期,不以400$wnne 参照增加"先前标目"。

LC 的合作编目计划 PCC 中有一项名称规范合作计划 NACO,由参加馆共同维护 LC 规范记录。LC 不要求参加馆将增加去世日期的变动逐一告之 LC,代之以将由 OCLC 提供一个 RSS feed,作为规范记录已增加去世日期的提醒服务——RSS 的又一应用。

LC 作出这个看上去非常细小的改变,也是郑重其事、相当透明的:

1. 2005 年 6 月下旬,编目政策与支持办公室(CPSO)提出一项建议,为现在个人名称标目增加日期,请求编目界予以讨论。

2. 2005 年 9 月下旬,根据收到的编目界积极回应,作出决定:

允许选择为只含出生日期的现存标目增加去世日期;

继续维持现状,即限制对于以前没有日期、且不与其他标目冲突的现有标目增加生卒日期。

3. 在公布讨论内容的同时,将据决定修改的 LCRI"22. 17"草案在网上公示一月,请大家发表评论。

4. 2006 年 2 月初发布修订的 LCRI"22. 17",同时公告 LC 的实施政策,及相关的特别更新计划。

另:CALIS 联合目录在建立规范库前,就要求在书目记录的个人名称标目中,尽可能提供生卒年,也可以说是采用了 AACR2 的"选项"。对于没有历史负担的 CALIS 规范,此法可以避免日后遇相同姓名时,可能反过来修改规范记录进而影响书目记录的麻烦。

(2006-02-23)

名称主题与名称规范——由国家图书馆的做法谈起

看全国图书馆联合编目中心网上咨询,觉得特别有意思的是关于"将被传

的人名作为自由词著录在 610 字段"的解答(为方便阅读,作了分段处理):

关于个人名称主题词的增词程序

国家图书馆中文图书主题标引在个人名称主题词的增词程序上可以 2003 年为界限,2003 年以前国家图书馆书目数据使用文津编目系统。文津编目系统是一种区域网络编目系统,它只在国家图书馆内实现了区域联机编目,并没有实现互联网络,也没有做到书目数据库与汉语主题词库的挂接,这一时期国家图书馆书目数据个人名称主题词的增词程序是宽松的,只要有必要就可以增词标引。

2003 年以后,国家图书馆书目数据使用了以色列联机编目系统,实现了互联网络,也做到了书目数据库与汉语主题词库的挂接,这时我们发现专有名词主题词的大量增加对汉语主题词库的可持续发展产生了不利影响,尤其以个人名称主题词的大量增加最为突出。

汉语主题词库的词量是相对稳定的,在不断增加一些新的主题词的同时,也会删除一些过时的、没有使用价值的主题词,大量的个人名称主题词的涌入势必对汉语主题词库的发展与维护产生不利影响。

过去传记类图书比较严肃、相对也较少,被立传的人物大多是历史上有名的人物或对当代历史有深远影响的人物,出书的目的也与经济利益无关,但是现在传记类图书比以前多了,而且不乏娱乐性的、纯粹以营利为目的的图书,这也是我们改变个人名称主题词增词程序的一个重要原因。

现在的做法如下:对一些使用频率极低或从长远发展的眼光来看很快会失去检索价值的专有名词(个人名称、机构名称)采取变通的办法,在不影响检索效率的情况下,用自由词的形式著录在 610 非控主题词字段,其文献采用上位词标引。

[实例举了做 610 的张国荣、陈强、韩金英、海南琼台师范学校,此处略。]

……需要说明的是并不是所有个人名称第一次出现时都不能增词标引,对一些非常重要的人物,标引员应该有预见地在第一次出现时就增词标引,比如中共中央新一代领导人、世界上有影响的大国总统等。

简言之,国图这样做的理由是人名主题太多,影响《汉语主题词表》。撇开其对个人或机构"重要"性的判断是否合理不谈,其实,包括个人名称、团体名称、会议名称在内的名称主题以及题名主题,与主题词表可以说没有什么关系。没有收录主题词表,并不意味着不能用作规范的主题。或者说,只要是做过规范的名称,当需要做主题时,就应当作规范主题,而不是自由词。

举个大家都很熟悉的例子,LCSH 中基本上不包含人名/机构/会议(但包括文学作品中虚拟人物名称),但当作为研究对象而需标引主题时,LC 记录仍把人名/机构/会议放在名称主题字段(600/610/611),而不是非控的索引词字段(653)。

为什么可以这样做呢?因为这些人名都是做过名称规范的。在机读目录规范格式中有一个"是否用于主题"的设定(MARC21 的 008/15,UNIMARC 的 106)。只要在做名称、题名规范时设定可用于主题,就不必将形式完全相同的名称规范与名称主题分别做两条记录(题名规范与题名主题同),简化了规范数据库(含名称、题名与主题)的维护工作。可以看一下 LC 规范中的莎士比亚(Shakespeare, William, 1564—1616),曾经同时做过主题规范(LCCN 为 sh 85120820),但目前是作为名称规范(LCCN 为 n 78095332)。

换言之,《汉语主题词表》(汉语主题词库)中本无需收录名称主题,名称主题只要利用名称规范库就可以了。

名称主题的数量相对于普通名称规范(责任者)而言,可以说少之又少,没有理由不将其规范化。按照建立规范的一般规则,国家图书馆在做名称规范时,并没有要求作者有相当的名气或者非常"重要",何以对主题却另有一个标准呢?

想来或许是没有利用 MARC 规范格式中的上述设定,或许与国图所用 Aleph 系统有关。从 OPAC 检索(浏览方式)看,国图的书目库不仅与主题规范库是相连的,与名称规范库(人名、题名等)也是相连的。是系统本身对主题规范与人名、题名规范的处理尚有瑕疵,还是对系统的使用不够到位?

LC 的书目数据库与没有与规范数据库连接。规范数据库检索能够显示命中的书目记录数,可见两个数据库是有关联的,但也没有提供与书目数据库的连接。不知道是不是 Voyager 系统没有解决有关问题的缘故?

(2006-02-28)

OCLC 的 LC 名称规范服务及其他

OCLC 研究部在参与 EPRINTS UK 项目时,开发了"LC 名称规范服务"(LC Name Authority Service)。这是一个建机构库中使用 LC 名称规范档确认名称的

Web 服务。最近 Ralph LeVan 改进了名称查找的匹配算法,可以处理拼写错误及名称变异形式,检索结果智能排序基于 WorldCat 中名称的使用次数,以及规范档中的规范形式而非参照款目。

试试它的交互检索联机演示:http://alcme. oclc. org/eprintsUK/index. html

在搜索词框中输入检索词"Mark Twain"(没有按常规则的倒序输入),不管设定最大结果数为多少(如5 或10),结果都是把所有相关的二十多条规范记录都列了出来。最相关的列在最前。大名鼎鼎的马克·吐温,竟然也会有两条规范记录? 原来一个是真人,一个是某部作品中与作者交谈的马克·吐温的灵魂(Spirit)——应该是名称主题了。

OCLC 给每条规范记录一个固定 URL,还有相应的 XML 记录,形式如:

http://errol. oclc. org/laf/n79-21164. html(MARC 规范记录)

http://errol. oclc. org/laf/n79-21164. marcxml(MARCXML 规范记录)

(其中 n79-21164 为 LC 的规范记录号)

OCLC 开发这个服务的目的,是为了使机构库软件(如 DSpace, ePrints UK, CONTENTdm, eprints. org, Fedora)可以提供规范控制,而不必自建规范控制模块。使用 OCLC 研究部的名称规范服务,可以在输入元数据时确保作者名称的一致性。DSpace 计划在未来集成交互式的规范检查。

不过,机构库用 LC 名称规范? 恐怕大部分人在 LC 规范库中都是找不到的,毕竟出版图书的人与发表文章的人相比,数量要少得多。Lorcan 在谈到上述名称规范服务时,提到他早些时候的想法,利用"科学社区"(Community of Science, COS) 的 50 万研究人员信息做实验,看是不是可以用其数据扩充 LC 规范档。

看 COS 的研究人员存档信息示例,内容丰富详尽,包括所属机构、联系信息、学历、专长与研究兴趣、研究项目、产业相关性、关键词、使用语言、学会/协会成员、获奖信息、专利、获得资助项目、发表/出版一览等。像猎头公司的数据库,与 LC 规范记录以名称的各种变体为主的结构完全不同。COS 还是一个 Web 2.0 的网站,研究者可以自己提供与维护相关信息。

另外,Scopus 宣布 5 月 13 日起提供名称规范功能"Scopus Author Identifier",可惜有关演示仅限其客户。Scopus 是最大的研究文献与精选网页的文摘引文数据库,收录 2700 万文摘、2.3 亿引文、2 亿网页。不知其中有多少不同的人名。

看来,名称规范也已不是图书馆界的独家秘技了。Leon 问地狱是不是需要元数据(天堂需要元数据吗?),岂止需要,早就有了。阎王的生死簿就是一个古往今来中国人的名称规范档,尽管偶尔有点问题,小鬼据此抓错了人(不排除小鬼没有认真查核规范而出的错),但其完整性是不容置疑的。我们现在有质量这么高的规范档吗? 国家图书馆? CSSCI? 期刊网?

(2006-05-23)

规范档 2.0: WorldCat 身份档

OCLC 一直在不遗余力地深入挖掘他们的联合目录宝库——WorldCat 中的数据,xISBN、FictionFinder、Audience Level,过一段时间出现一个成果,每令人赞叹。近日,WorldCat Identities 的 Beta 版发布,内容丰富,可称 2.0 版的规范档。目前只有个人,很快会收录团体,以后还会包括虚拟的人物、著名的动物角色!

开发团队之首 Thom Hickey 介绍 WorldCat Identities 时称,WorldCat 身份档的灵感来自 FictionFinder、现已寿终正寝的 RLG 开放联合目录 RedLightGreen,以及 Janifer Gatenby 关于以维基补充虚拟国际规范档(VIAF)的建议。

首页是一个简洁的检索框,下面一片由人物姓氏组成的"云"。Thom Hickey

说那是根据馆藏(而不是书目)做出来的,很有意思的是,在前一百位中,有三分之一是作曲家。

找了标签最大的贝多芬,点进去看个人页面细节,令人眼睛一亮,不过好像没看到什么维基。

页面分左右两栏,左栏依次是:

- 规范名称:Beethoven, Ludwig van 1770—1827
- 概述(Overview):总共有多少作品、所属类别 genres、LCSH、身份 roles、LCC 和 DDC(链接到 OCLC DeweyBrowser)
- 出版时段(Publication Timeline):用直方图表示各年代出版量
- 关于贝多芬收藏最多的作品(Most widely held works about…)有题名(链接到 WC)与作者
- 贝多芬创作的收藏最多的作品(Most widely held works by…)有题名(链接到 WC)、作者、版本数、出版年段、语种、收藏馆数,以及简介
- 读者对象(Audience Level):从儿童 0 到专业 1,贝多芬是 0.64
- 相关名称:与贝多芬有关的人物(链接到其身份档)及身份
- 有用的链接:LC 规范档,维基百科贝多芬词条

右栏依次是:

- 封面图片:似乎是收藏最多作品的一个封面
- 其他名称(Alternative Names):相当于规范档中的参见名称
- 语种(Languages):各语种(链接到 WC)及馆藏数,按降序排
- 封面(Covers):不知道根据什么原则,选了 8 张封面图片(链接到 WC)

Lorcan Dempsey 介绍 WorldCat Identities 时称由于数据是做练习用的,所以有一些矛盾。作为领导,他还提出了更高的要求。

(2007-02-14)

虚拟国际规范档 XML 格式

虚拟国际规范档(VIAF)已由美国国会图书馆、法国国家图书馆、德国国家图书馆和 OCLC 共同建设多年,网站近日更新,才发现参加国多了瑞典,据称还

有多个国家要参与。目前有 780 万条记录,合并自 920 万条记录,这些合并处理,主要由 OCLC 承担。

目前页面有作品封面显示,看上去比较有亲和力。据 OCLC 首席科学家 Thomas Hickey 介绍,此次更新,是对 SRU 查询返回的 XML 数据,以 XLS 转换,可以显示为 MARC21 格式和 UNIMARC 格式。据称在不久的将来,还会有 linked data 显示。

参见:

Outgoing:Changes to VIAF(April 03 , 2009)

Lorcan Dempsey's weblog:Virtual International Authority File(April 3 , 2009)

附:虚拟国际规范档 XML 格式(以http://viaf. org/viaf/22146540 为例)

< ? xml version = "1. 0" ? >

< ? xml-stylesheet type = "text/xsl" href = "/viaf/xsl/searchRetrieveResponse. xsl"? >

< ns2:VIAFCluster xmlns = "http://viaf. org/Domain/Cluster/terms#" xmlns:owl = "http://www. w3. org/2002/07/owl#"

xmlns:rdf = "http://www. w3. org/1999/02/22-rdf-syntax-ns#" xmlns:ns2 = "http://viaf. org/Domain/Cluster/terms#" >

<! 规范数据来源,格式:来源馆代码|规范记录号 >

< ns2:sources >

< ns2:source > DNB|119012871 </ns2:source >

< ns2:source > SELIBR|196381 </ns2:source >

< ns2:source > LC|n 50001905 </ns2:source >

< ns2:source > BNF|11917976 </ns2:source >

</ns2:sources >

<! 记录长度,行数? >

< ns2:length >894 </ns2:length >

<! 主标目,由各来源馆确定的共同主标目。此条正巧一致,否则如何确定? >

< ns2:mainHeadings >

```
< ns2：data >
    < ns2：text > O'Brien，Flann，1911-1966 </ns2：text >
    < ns2：sources >
        < ns2：s > SELIBR </ns2：s >
        < ns2：s > LC </ns2：s >
        < ns2：s > BNF </ns2：s >
        < ns2：s > DNB </ns2：s >
    </ns2：sources >
</ns2：data >


<！来源馆的主标目,采用 MARCXML 格式;有到其他来源馆记录的链接 >
< ns2：mainHeadingEl >
    < ns2：datafield ind1 = "1" ind2 = " " tag = "100" >
        < ns2：subfield code = "a" > O'Brien，Flann </ns2：subfield >
        < ns2：subfield code = "d" > 1911-1966 </ns2：subfield >
    </ns2：datafield >
    < ns2：sources >
        < ns2：s > DNB </ns2：s >
    </ns2：sources >
    < ns2：id > http://orlabs. oclc. org/viaf/DNB|119012871 </ns2：id >
    < ns2：links >
        < ns2：link >
            < ns2：match type = "date" >
                < ns2：birth > 1911 </ns2：birth >
                < ns2：death > 1966 </ns2：death >
            </ns2：match > http：//orlabs. oclc. org/viaf/BNF|11917976
        </ns2：link >
    ...
    < ns2：links >
</ns2：mainHeadingEl >


    ...
```

<!来源馆主标目：UMIMARC 格式，只有法国国家图书馆采用，数据字段部分不同>

<ns2：mainHeadingEl>

<ns2：datafield ind1 = " " ind2 = "|" tag = "200">

<ns2：subfield code = "7">ba0yba0y</ns2：subfield>

<ns2：subfield code = "8">fre</ns2：subfield>

<ns2：subfield code = "9">0</ns2：subfield>

<ns2：subfield code = "a">O'Brien</ns2：subfield>

<ns2：subfield code = "b">Flann</ns2：subfield>

<ns2：subfield code = "f">1911-1966</ns2：subfield>

</ns2：datafield>

<ns2：sources>

<ns2：s>BNF</ns2：s>

</ns2：sources>

<ns2：id>http://orlabs. oclc. org/viaf/BNF|11917976</ns2：id>

<ns2：links>

…

</ns2：links>

</ns2：mainHeadingEl>

</ns2：mainHeadings>

<!固定长字段，两种 MARC 格式应该是不同的吧，如何体现？>

<ns2：fixed>

<ns2：govtAgn>|</ns2：govtAgn>

<ns2：authRef>a</ns2：authRef>

<ns2：serUse>|</ns2：serUse>

<ns2：rules>|</ns2：rules>

<ns2：gender>u</ns2：gender>

<ns2：encLevel>n</ns2：encLevel>

<ns2：subjUse>a</ns2：subjUse>

<ns2：catLang>|</ns2：catLang>

```
< ns2：nameUse > a < /ns2：nameUse >
< ns2：roman > | < /ns2：roman >
< ns2：subType > | < /ns2：subType >
< ns2：source > | < /ns2：source >
< ns2：recStatus > n < /ns2：recStatus >
< ns2：nameDiff > a < /ns2：nameDiff >
< ns2：refStatus > | < /ns2：refStatus >
< ns2：dateEntered > 19920923 < /ns2：dateEntered >
< ns2：type > z < /ns2：type >
< ns2：authStatus > a < /ns2：authStatus >
< ns2：geoSubd > n < /ns2：geoSubd >
< /ns2：fixed >


<！见参照,前一条是法国 UNIMARC 的,后一条是 MARC21 的,其实只有
字段指示符不同 >
<！来源不同,即使同为 MARC21 ,也做二条,即不重复 sources >
< ns2：x400s >
  < ns2：x400 >
    < ns2：datafield ind1 = " " ind2 = " | " tag = "400" >
      < ns2：subfield code = "a" >Copaleen, Myles < /ns2：subfield >
      < ns2：subfield code = "d" >1911—1966 < /ns2：subfield >
    < /ns2：datafield >
    < ns2：sources >
      < ns2：s > BNF < /ns2：s >
    < /ns2：sources >
  < /ns2：x400 >
  …
  < ns2：x400 >
    < ns2：datafield ind1 = "1" ind2 = " " tag = "400" >
      < ns2：subfield code = "a" >Copaleen, Myles, < /ns2：subfield >
      < ns2：subfield code = "d" >1911—1966 < /ns2：subfield >
    < /ns2：datafield >
```

```
< ns2 : sources >
    < ns2 : s > LC < /ns2 : s >
< /ns2 : sources >
  < /ns2 : x400 >
...

< /ns2 : x400s >
<！参见参照 >
< ns2 : x500s >
  < ns2 : x500 >
    < ns2 : datafield ind1 = "0" ind2 = " " tag = "500" >
      < ns2 : subfield code = "a" > Myles na Gopaleen, < /ns2 : subfield >
      < ns2 : subfield code = "d" > 1911—1966 < /ns2 : subfield >
    < /ns2 : datafield >
    < ns2 : sources >
      < ns2 : s > SELIBR < /ns2 : s >
    < /ns2 : sources >
  < /ns2 : x500 >
...

< /ns2 : x500s >


<！作者的作品一览及收藏馆,count 指版本数？ >
< ns2 : titles >
  < ns2 : data count = "25" >
    < ns2 : text > at swim two birds < /ns2 : text >
    < ns2 : sources >
      < ns2 : s > LC < /ns2 : s >
      < ns2 : s > BNF < /ns2 : s >
      < ns2 : s > DNB < /ns2 : s >
    < /ns2 : sources >
  < /ns2 : data >
...

< /ns2 : titles >
```

```
<！作者作品出版社一览及收藏馆,count 指版本数？>
<ns2:publishers>
  <ns2:data count = "35">
    <ns2:text>suhrkamp</ns2:text>
    <ns2:sources>
      <ns2:s>DNB</ns2:s>
    </ns2:sources>
  </ns2:data>
…
</ns2:publishers>


<！作者生卒年>
<ns2:birthDate>1911</ns2:birthDate>
<ns2:deathDate>1966</ns2:deathDate>


<！以下不明>
<ns2:dates max = "200" min = "193">
  <ns2:date count = "3" scaled = "1.58496250072">193</ns2:date>
  <ns2:date count = "0" scaled = "0.0">194</ns2:date>
  <ns2:date count = "3" scaled = "1.58496250072">195</ns2:date>
  <ns2:date count = "21" scaled = "4.39231742278">196</ns2:date>
  <ns2:date count = "45" scaled = "5.49185309633">197</ns2:date>
  <ns2:date count = "44" scaled = "5.45943161864">198</ns2:date>
  <ns2:date count = "54" scaled = "5.75488750216">199</ns2:date>
  <ns2:date count = "35" scaled = "5.12928301694">200</ns2:date>
</ns2:dates>


<！作品 ISBN 一览及条数,count 指版本数？德国不同版本 ISBN 重复较常见>
<ns2:ISBNs unique = "118">
  <ns2:data count = "9">
    <ns2:text>3518374869</ns2:text>
```

```
< ns2 : sources >
    < ns2 : s > DNB < /ns2 : s >
</ns2 : sources >
</ns2 : data >
```
...
```
</ns2 : ISBNs >
```

<！作品封面吧 >
```
< ns2 : covers >
    < ns2 : data count = "1" >
    < ns2 : text > 1564783286 < /ns2 : text >
    < ns2 : sources >
        < ns2 : s > LC < /ns2 : s >
    </ns2 : sources >
    </ns2 : data >
</ns2 : covers >
```

<！应该是作品出版地 , scaled 不明 >
```
< ns2 : countries >
    < ns2 : data count = "25" scaled = "5" >
    < ns2 : text > GB < /ns2 : text >
    < ns2 : sources >
        < ns2 : s > LC < /ns2 : s >
        < ns2 : s > BNF < /ns2 : s >
    </ns2 : sources >
    </ns2 : data >
```
...
```
</ns2 : countries >
```

<！作者所用语言及国籍 >
```
< ns2 : languageOfEntity > eng < /ns2 : languageOfEntity >
< ns2 : nationalityOfEntity > IE < /ns2 : nationalityOfEntity >
```

＜！VIAF 处理情况及时间 ＞

＜ ns2：history ＞

　＜ ns2：ht recid ＝ "BNF | 11917976" time ＝ "2009-03-03 17：03：22" type ＝ "add" / ＞

　＜ ns2：ht recid ＝ "DNB | 119012871" time ＝ "2009-03-03 17：03：29" type ＝ "add" / ＞

　＜ ns2：ht recid ＝ "LC | n 50001905" time ＝ "2009-03-03 17：03：29" type ＝ "add" / ＞

　＜ ns2：ht recid ＝ "SELIBR | 196381" time ＝ "2009-03-03 17：03：42" type ＝ "add" / ＞

＜ / ns2：history ＞

＜！VIAF 号 ＞

＜ ns2：viafID ＞ 22146540 ＜ / ns2：viafID ＞

＜ / ns2：VIAFCluster ＞

（2009-04-05）

Z39.50 服务器信息

联机编目给编目工作带来的最大便利,是大量高质量的书目记录可通过套录获取,而 Z39.50 就是查询与套录时采用的最主要标准。Z39.50 以客户端/服务器方式工作,编目员只要使用支持 Z39.50 的客户端软件,配置好图书馆目录或联合目录的 Z39.50 服务器,即可游刃有余地开始编目工作。目前大部分图书馆集成管理系统都具有 Z39.50 客户端功能,另外还有不少独立的 Z39.50 客户端软件可用,因而解决套录问题的关键,就是找到开放访问的 Z39.50 服务器,获取其网址、端口、数据库及字符集。

Z39.50 服务器信息

现在有 Z39.50 检索功能的图书馆自动化系统越来越多了,大都预设了部分 Z39.50 服务器,编目套录轻松不少。只是使用中常会发现预设的服务器太少,仍有相当部分 MARC 记录无法套录到。常有同仁问及有关 Z39.50 服务器的信息,故在此与大家共享。

在客户端或本地编目系统中设置 Z39.50 服务器时,需要提供服务器网址、端口号及数据库名称 3 项基本信息。一般选择可匿名访问或有公共访问口令的服务器;如服务器要求提供认证而又无合法口令和密码,则无法使用(有的服务器还兼有 IP 地址限定)。

中编方面比较无奈,除了参加某些联合目录,可以通过其 Z39.50 服务器套录到详编记录外,基本上通过 Z39.50 服务器只能看到简编记录,还需自己加上分类、主题等。丹诚公司曾提供过一阵子免费的详编记录,现在似乎也停止了。不过,如果想少打些汉字,还是可以套录一些简编数据的。无需认证的两大联合目录信息如下(网址/端口/数据库):

国家图书馆联合目录:202.96.31.29/2100/uacn_bib

上海图书馆联合目录:218.1.116.77/2100/uacn_bib

(顺便提一下,如果是用 CNMARC 著录西文文献的话,上图目录还是很好的西文记录来源。)

西编方面就比较幸运,因为国外免费的 Z39.50 服务器很多,当然使用的前提是网络连接有国际出口。正因为数据来源多,所以需要作一番筛选,数据质量、覆盖率、连接速度等都是考虑因素。各国出版物一般都由国家图书馆收藏,且国家图书馆书目数据质量较高,所以各国的国家图书馆是检索该国文献的首选地。对于一些非正式出版物,或者教材之类,则以大型联合目录或收藏丰富的高校图书馆为佳。本人常用的英语数据来源是:

美国:

国会图书馆:z3950.loc.gov/7090/Voyager

OhioLINK:olc1.ohiolink.edu/210/INNOPAC(注意网址的 olc1 末位是数字 1)

国家医学图书馆:tegument.nlm.nih.gov/7090/Voyager

英国：

牛津大学图书馆：library. ox. ac. uk/210/ADVANCE

（不列颠图书馆的 Z39. 50 服务器不提供 MARC 格式）

澳大利亚：

澳大利亚国家图书馆：catalogue. nla. gov. au/7090/Voyager

澳大利亚国立大学图书馆：library. anu. edu. au/210/INNOPAC

关于小语种。德国国家图书馆与不列颠图书馆一样，其 Z39. 50 服务器不提供 MARC 格式。法国国家图书馆情况不详，其计划似乎是采用 UNIMARC。下面提供一个"数据源之源"，需要小语种文献记录的同仁可自力更生，花些工夫试验那些数据源的优劣——很辛苦的，如有收获，别忘了广而告之：

丹麦 Index Data 公司搜集的"Z39. 50 服务器名录"（http://www. indexdata. dk/targettest/）

该名录包含世界各地的 Z39. 50 服务器，其"Z39. 50 服务器统计表"，有数据库名称、地址、端口等信息。特别注意"记录语法"，如果不是 MARC 格式，则一般无法通过编目用的 Z39. 50 客户端查看、下载。需要认证（有钥匙标记）时，可到相应图书馆网站，看是否提供免费的访问口令。

目前该网也提供所列数据库的检索，对于非 MARC 格式，可以通过检索，参考有关书目著录信息（如主题等）。

注：如果本地系统没有 Z39. 50 检索功能，也可以使用丹诚公司的 zTrans 通用 Z39. 50 前端软件，套录记录后然后转入本地系统。现在丹诚公司的网站上已经无法下载该软件，但广东省文献编目中心还有。如有需要，趁早点击本链接下载（http://bmzx. zslib. com. cn/download/ztrans. zip），说不定哪天这个链接也无效了。

说明：2004 年 11 月 16 日增加了美国的国家医学图书馆，医学类图书最为丰富。

(2004-11-04)

蓝博图的 Z39. 50 软件

现在编目工作中，套录书目记录占了工作的主要部分。而套录基本上通过 Z39. 50 方式检索、下载书目数据，这就需要 Z39. 50 客户端软件。有了 Z39. 50

客户端软件,可以从很多来源套录收费或免费的书目记录。

很多图书馆集成系统都有了 Z39.50 客户端功能,可以下载、上载记录。即使图书馆系统中没有 Z39.50 功能,也可以使用专门的 Z39.50 客户端软件套录数据。国内最早的免费 Z39.50 客户端软件是丹诚公司的 Z39.50 前端软件 zTrans。而蓝博图科技公司的 Z39.50 客户端和服务器软件 Z39FindBook(http://www.libtool.com.cn/z39findbook.htm)可称后起之秀。

蓝博图公司称 Z39FindBook 为"图书数据网络查询系统",据称既能作为客户端,又能作为服务器。作为下载数据的普通用户,我只关心它的客户端功能。

它自我介绍的突出优点如"广播查询"、"自定义添加数据库服务器",以及"中西文 MARC 数据的兼容问题",是很多 Z39.50 客户端都具有的基本功能;而"批下载功能"可能对回溯转换有帮助,但我总怀疑如果使用的话,对短时间出现的大量检索请求,来源服务器是否能够应付,是否会影响其正常服务,从而将你视为非正常利用而有所限制。

我最感兴趣的是该软件"解决了小语种的问题,可以下载日文、韩文、俄文等小语种的数据"。只试过日文,所言非虚。我用过的国外 Z39.50 客户端软件,检索中、日文都是乱码;而国内 Z39.50 客户端软件,检索日文有的都是乱码,有的则部分乱码(如汉字正常、假名乱码,或反之)。这个 Z39.50 客户端软件是唯一可以基本正常显示日文数据的。说基本,是因为检出的早稻田大学数据,汉字、假名正常,反而罗马字母拼写丢失不少。不过对我们来说,并不需要罗马字母拼写数据。

只是,要能够检出日文也不容易。现在输入 ISBN、罗马字母拼写检索正常,输入汉字假名则未必有检索结果。估计其他语种可能也会有类似问题。软件仍有可改进之处。

该系统的另一个优点是其内置庞大的 Z39.50 服务器信息,说网罗或许有过,但的确搜罗不少。其中"自定义 Z39 站点"是国内服务器;"Z39 站点"信息应该主要来自丹麦 Index Data 公司的"Z39.50 服务器名录",大概信息太多了,不及一一测试。去年试用时曾发现澳大利亚国家图书馆 NLA 的 Z39.50 服务器地址没有更新,现在仍是如此。NLA 已更换系统,现相关信息应为:地址"catalogue.nla.gov.au",端口 7090,数据库 VOYAGER。

如果软件改进一下的话,或许应该按服务器的国家而非名称排列 Z39.50 服务器信息。用户使用时一般并不知道单位名称,但无疑知道所编图书的语种与出版国别,以国别排序,有助于用户快速选择相应的服务器。

那么多服务器信息,要知道哪个内容多、检索速度快,还真不那么容易。可参见本人曾介绍过常用的中西文 Z39.50 服务器信息。另外,日文比较好用的是早稻田大学的服务器(地址"wine. wul. waseda. ac. jp",端口 210,数据库 IN-NOPAC),格式近似 USMARC。

如果图书馆网络没有国际出口,不能直接利用国外数据,可以使用该公司的"图书数据网关系统 Z39.50Gate"。只要在自己的 Z39.50 软件中设置该公司的服务器 URL、端口、账号和密码及相应的数据库。看上去有中、日、韩、西、德、法、俄、越南、泰国数据,真牛! 用起来如何? 不好说,或许不是24/7 服务的。

Z39.50 标准是由美国国会图书馆(LC)维护的。或许蓝博图公司可以将 Z39FindBook 登记到 LC 的 Z39.50 Software(http://www. loc. gov/z3950/agency/resources/software. html)中去,在更广范围内宣传自己的产品。当初我就是在那儿知道丹诚公司的 zTrans 的。

(2005-06-21)

法语 Z39.50 书目服务器信息

手头有几本法语书要做编目,而法国国家图书馆的目录一时又不可访问。虽然只几本,但为今后计,下决心"工欲善其事、必先利其器",花些工夫找 Z39.50 服务器。虽说 IndexData 应当是首选,但 1000 多个 Z39.50 服务器,按机构或目录名称首字母分成 25 页显示,又不标明国别,找起来太费劲。

用 Google 查,不知道用什么术语,只好在法国域名中查 Z39.50:"'Z39.50' site:. fr"。在结果中看到有"Profil du serveur Z39.50",很像可用的检索词,就用它再查 Google,在结果中一一寻找。那天网络不好,不可访问的网站很多,但也找到了法国、比利时、瑞士共 4 个法语的 Z39.50 服务器信息,分别是西瑞士图书馆网、里昂大学、雷恩大学和鲁汶天主教大学,试下来都是可用的,但检中率不高。

既然事情已经做到了一半,周末在家继续努力,希望增加一些服务器,提高检中率。

耐心地把 IndexData 的所有 Z39.50 服务器信息都下到 EXCEL 表格中,慢慢处理。1000 多个,有相当多是以 IP 显示的,没有精神去一一认证所属国别,只将有国别后缀的标出。然后选中所有法国(fr),以及从机构名称看是法语的加拿大(ca)、比利时(be)服务器(其中瑞士(ch)的看机构/目录名都是德语,略去)。其中一个为 UNIMARC 格式,其他都有 USMARC 格式,都无需认证,免费使用。加上前面找到的 4 个,去掉重复,共 20 个。

如果熟悉法语,有心浏览一遍 IndexData 机构名称,或者用软件把所有 IP 一次性转换为 URL 后再处理,应该还会有更多结果(里昂大学地址用的就是 IP)。

法语 Z39.50 书目服务器信息一览表(＊共 23 个)

说明 1:顺序为图书馆网、大学图书馆(依次为法国、加拿大、比利时、瑞士)、公共图书馆;

说明 2:除前述 4 个外,是否可用未知,访问率信息为 IndexData 标注。

(＊2006-03-13 更新:1. 实际使用结果,除 IndexData 标注访问率为 0% 者,基本上都可用;2. 由蓝博图公司 Z39FindBook 软件的"Z39 站点"增加 3 个服务器,名称前标＊。)

＊United Nations Office in Geneva(联合国日内瓦办事处)
librarycat. unog. ch/7090/Voyager(联合国出版物丰富)

RERO(西瑞士图书馆网)
sarasvati. rero. ch/3950/DEFAULT(＊命中记录多,部分有法语主题词)

Univ. de Rennes(法国雷恩大学)
artus. univ-rennes1. fr/210/rennes
SERVICE COMMUN DE LA DOCUMENTATION UNIVERSITE LYON 3 (SCD Lyon
3)(法国里昂大学)
193. 52. 199. 5/21210/ADVANCE, MAIN ＊BIBMAST

Ecole Normale Superieure Paris(法国巴黎高师)
halley. ens. fr/210/INNOPAC(＊经确认,实际使用 UNIMARC)

法国斯特拉斯堡大学
z3950-scd-ulp. u-strasbg. fr/24210/database(使用 UNIMARC)

Bibliothèque universitaire d'Angers(法国 Angers 大学)
bubase. univ-angers. fr/210/BUANG(2004-10-07 访问率0%)

SCD de l'Université de Reims(法国兰斯大学)
scd. univ-reims. fr/8002/scdreims(2003-10-21 访问率0%)

Université de Montréal(加拿大蒙特里尔大学)
atrium. bib. umontreal. ca/210/ADVANCE

Université McGill(加拿大麦吉尔大学)
aleph. mcgill. ca/210/MUSE

Bibliothèques de l'Université de Moncton(加拿大 Moncton 大学)
eloize. umoncton. ca/210/ADVANCE

Ecole des Hautes Etudes Commerciales Bibliotheque Myriam & J-Robert Ouimet(加
　拿大 Myriam & J-Robert Ouimet 高等商业研究生院图书馆)
biblio. hec. ca/210/hec

école des hautes études commerciales, Myriam et J. -Robert(同上,＊经查两个地址
　检索结果相同)
taos. hec. ca/2200/Unicorn

Université de Sherbrooke(加拿大 Sherbrooke 大学)
catalo. biblio. usherb. ca/210/SIBUS(2005-05-13 访问率0%)

Université Libre de Bruxelles Online Catalog(比利时布鲁塞尔大学)
www. cible. ulb. ac. be/2200/Unicorn

Catholic University Leuven(比利时鲁汶天主教大学)
cc2. kuleuven. ac. be/3000/xxdefault

Université catholique de Louvain(同上,此地址可用)
bib. sia. ucl. ac. be/3520/DEFAULT
University of Gent, Belgum(比利时 Gent 大学)
catserv. rug. ac. be/9909/RUG01(2005-11-25 访问率 0%)

* University of Geneva(日内瓦大学)
www. biblio. unige. ch/8871/DEFAULT

* Saint-Genevieve Library
193. 48. 70. 230/21210/Advance(使用 UNIMARC)

Ville de Montréal(加拿大蒙特利尔市)
merlinweb. ville. montreal. qc. ca/2100/Z3950S

Bibliotheque municipale de La Sarre(加拿大 La Sarre 公共图书馆)
catalogue. biblrn. qc. ca/3951/BMLS

Bibliotheque municipale de Rouyn-Noranda(加拿大 Rouyn-Noranda 公共图书馆)
catalogue. biblrn. qc. ca/3950/BMRN

(2006-03-11)

[update 2010-04-02] Bibliothéque Nationale de France(法国国家图书馆)
Z39. 50. bnf. fr/2211/TOUT(使用 UNIMARC)

德语 Z39.50 书目服务器

德文的书目信息有德国国家图书馆的 Z39.50 网关(http://z3950gw. dbf. ddb. de/)和卡厄斯鲁尔虚拟目录(Karlsruher Virtueller Katalog KVK)(http://www. ub-ka. uni-karlsruhe. de/hylib/en/kvk. html),基本上都可以查到了,也就懒得再寻

Z39.50 服务器。

不过,既然已经处理了 IndexData 的 Z39.50 服务器一览表,在弄清法语 Z39.50 书目服务器信息后,顺便也把德语的处理了一遍。

与法语相比,结果大失所望。德语服务器大部分不是 MARC 格式,还有不少需要认证——尽管可能有免费的口令密码,要找出来也不是那么轻而易举的。省略掉这两部分后,结果所剩无几——只有 4 个。看着内容实在太少,又到蓝博图公司的 Z39FindBook 软件中找德国的服务器,再到 IndexData 反查,结果只有一个标为无需认证,却注明访问率为 0%。

实际使用结果,5 个中只有 GVK 一个可用;其他 3 个均可检出,但无法显示结果,看来格式也不是 IndexData 标明的 MARC;访问率为 0% 的那个,则不可用。

可用不可用的均列在下表,有点滥竽充数的意思。如果能让同样有兴趣找小语种 Z39.50 服务器信息的同行少浪费一点时间,也就是贡献了。

德语 Z39.50 书目服务器信息

Gemeinsamer Verbundkatalog(公共集团目录)
z3950. gbv. de/210/GVK(命中数量多,下载速度快,按出版年倒序输出。部分有
德语主题)

Südwestdeutscer Bibliotheksverbund SWB(西南图书馆集团)
swb. bsz-bw. de/210/swblite(UNIMARC,PicaMARC)

Das Netzwerk von Bibliotheken und Informationsstellen in der Schweiz(瑞士图书馆
信息中心网络)
opac. nebis. ch/9909/NEBIS

IDS Basel Bern(瑞士巴塞尔、伯尔尼…)
aleph. unibas. ch/9909/DSV01

Universit? tsbibliothek Potsdam(波茨坦大学)
141. 89. 36. 196/2020/NEL(2003-06-02 访问率 0%)

如果谁希望如法炮制,把西班牙语、意大利语、挪威语、丹麦语(最多)、俄语

（也不少）、波兰语、捷克语什么的，或者澳大利亚、新西兰、加拿大、英国什么的，选择一两个处理一遍，本人愿意提供已做过国别后缀标记的 EXCEL 文件。

另可以用 Z39FindBook 软件的"Z39 站点"列表寻找。该列表也按机构名称排列，但有一栏标明国家，寻找相对方便些。从收录 Z39.50 服务器范围上看，与目前 IndexData 的一览表似乎有点交叉。

（2006-03-13）

德语 Z39.50 书目服务器（续）

不满意上次只在 IndexData 的 Z39.50 服务器一览表找到四家德语 Z39.50 服务器，因而再用 Google"'Z39.50'site:.de"的方法查。结果发现了一个专门收集 allegro 图书馆系统的 Z39.50 服务器信息网页 allegro-Server im Internet（http://www.allegro-c.de/z3950/z39_dbs.htm），其中收录了 5 个 Z39.50 服务器，端口 2020，数据库 opac。或许是德国人比较严谨之故，服务器均需要认证，用户名、口令均 opac：

UB-Braunschweig Lokalbestand der Universitätsbibliothck
ubsun02.biblio.etc.tu-bs.de（收录约 60 万）

Berlin：baC-berliner allegroCatalog（柏林公共图书馆目录）
ubsun02.biblio.etc.tu-bs.de（馆藏 148 万余）

Max-Planck-Institut für Bildungsforschung-Bibliothek und wissenschaftliche Dokumentation（马克斯－普朗克教育研究所）
lib.mpib-berlin.mpg.de（专业图书馆，收藏重点社会学、教育学与发展心理学）

Düsseldorf：Bibliothekskatalog der Universit? ts-und Landesbibliothek（杜塞多夫大学与联邦州立图书馆目录）
134.99.136.10

Brandenburg：Zentraler Katalog der ？ffentlichen Bibliotheken in Brandenburg（勃
兰登堡公共图书馆中心目录）

www. oe-bibliotheken. brandenburg. de

　　试查结果,似乎最后一个有问题。

　　一般图书馆集成系统的 Z39.50 数据库名与端口都是相对固定的,知道了
allegro 系统的用户名/口令均为 opac,还可以用数据库名 opac、端口 2020 为限
定条件,在 IndexData 的服务器列表中找到原来因需要用户认证而放弃的德语
服务器,假定也是 allegro 系统,以 opac 为用户名/口令测试一下可用性。

　　因为德语文献所遇不多,所以也就不想做这个德语 Z39.50 书目服务器一
览表了。更重要的是,通过一周的使用,我确定自己已经找到了令人满意的德
语服务器。

　　在已有的 10 个德语 Z39.50 服务器,检索速度与检中率最令人满意的当属
Gemeinsamer Verbundkatalog(Gemeinsamer Bibliotheksverbund, GBV 公共图书馆
集团目录,z3950. gbv. de/210/GVK)。该目录实际是一个全德范围的联合目录,
不仅收录德语文献,还收录德国、荷兰等跨国出版机构的英语文献,且收录及
时,有些英语文献在 LC 和 OhioLINK 或者没有收录,或者只有简单的订购数据,
而这里已经有详编记录了。此服务器地位可与英语世界的 OhioLINK 匹敌——
其实数据来源再多,也不如一个收录量大的顶用。

　　该目录为 USMARC 格式(极少数子字段与现有标准有异),遵循 ISBD(非
AACR),著录用语为德语,主题词非控,以德语为主,有时也用英语。

　　德语 Z39.50 服务器方面比较遗憾的,是德国国家图书馆 DDB 没有提供
MARC 格式,要不然 DDB 与 GBV 结合,就堪称完美了。

　　另见德国的 Z39.50 网关一览表：The Internet Links Collection—Union Cata-
logs/Z39.50 Gateways(http://www. demogr. mpg. de/cgi-bin/links/list. plx? catid
=31)

　　收集了 18 个联合目录 Z39.50 网关,以德国为主,含美、英、法。

　　狡兔三窟,万一 Z39.50 客户端不能使用,或许还用得上这些联合目录。

(2006-03-17)

日本 Z39.50 书目服务器信息

很多年前找到"Z39.50 Target List in Japan"（http://libsys.lib.keio.ac.jp/doc/targetinit.html），如获至宝，虽然只有 3 个公开的，但都可用。尤其是早稻田大学，由于收录文献丰富，很有参考价值。不过现在这个表用处已经很少了，除了筑波大学服务器的信息仍然正确外，早稻田大学服务器的 IP 地址改了，庆应义塾大学的服务器似乎已经停止服务了。

前几天想再多找几个日本的 Z39.50 服务器，作为我的 Z39.50 书目服务器系列的完成篇。不意发现了另一个"Z39.50 服务器名录"（Z39.50 Target Directory, http://www.webclarity.info/registry），这是一个欢迎用户增加、更新相关信息的网站（有点 Web 2.0 的意思），也收了 1000 多个服务器。与 IndexData 的"Z39.50 服务器名录"（The Z39.50 Target Directory）相比，由 WebClarity 软件公司维护的这个名录有检索与浏览功能。检索不用说，浏览可以选择按地点（国家与地区）、资源类别（学术、政府、国家、公共、联合目录等）及名称，很方便查找合用的 Z39.50 服务器。

名录中列出了 8 个日本的服务器，一个个看下来，信息一应俱全，最关键的域名/IP 处却是空白。我以为需要注册才让看完整信息，尽管很不情愿，还是注册了一把，登录进去，还是看不到域名/IP。

失望之余，决定发扬雷锋精神，把我知道的几个日本服务器的域名/IP 信息补进去。

真是善有善报！原来在"查找"方式下，选择"更新"（注册登录后显示），在"浏览"方式下被隐藏起来的域名/IP 信息全都出现了！

最终从中再选择了几个日本服务器，与原来两个结合在一起，列表在后。除了看上去很诱人的"日本大学联合目录"检索出错外，其余都可用。由于字符集的原因，不是所有 Z39.50 客户端软件对以下服务器检索结果都能正常显示。

日本 Z39.50 书目服务器信息（注：括号中为字符集）

早稻田大学

wine.wul.waseda.ac.jp/210/INNOPAC（EACC）

筑波大学

opac. ll. chiba-u. jp/210/ILIS(EUC)

Japanese Universities Union Catalog(日本大学联合目录)

157. 1. 18. 114/210/BIB

冈山大学

webcat. lib. okayama-u. ac. jp/2210/limedio(UTF-8)

北海道教育大学

s-opac. sap. hokkyodai. ac. jp/2210/BIB(UTF-8)

札晃大学

opac. sapporo-u. ac. jp/2210/limedio(UTF-8)

札晃医科大学

hamanasu. cc. sapmed. ac. jp/2210/limedio(UTF-8)

札晃学院大学

library. sgu. ac. jp/2210/limedio(UTF-8)

(2006-03-23)

俄国 Z39. 50 书目服务器信息

做完日本 Z39. 50 书目服务器信息后,顺便看了 WebClarity 的"Z39. 50 服务器名录"(Z39. 50 Target Directory)中的俄国服务器,共有 11 个,从中选择了 5 个自以为收录文献量应该比较大的服务器。

其实 IndexData 的"Z39. 50 服务器名录"(The Z39. 50 Target Directory)中俄国服务器很多,但正因为太多,反而失去了筛选的动力。还是原来说过的,"数据来源再多,也不如一个收录量大的顶用"。

只是这个"收录量大"的似乎没有找到。Russian State Library 应该是一个很好的来源,但没看出效果。以下除了俄罗斯科学院西伯利亚分院找到过记录外,其余多次检索都显示 timeout,不知道是不是网络连接不畅之故。

至此,本人的"Z39.50 书目服务器"系列结束。

俄国 Z39.50 书目服务器信息(注:括号中为字符集或机读目录格式)

Russian State Library(俄罗斯国家图书馆)

aleph.rsl.ru/9909/RSL01(UTF-8)

Russian Academy of Science(Siberian Branch)(俄罗斯科学院西伯利亚分院)

z3950.uiggm.nsc.ru/210/geocat

Moscow State University(莫斯科国立大学)

nbmgu.ru/210/mgub

bks-mgu.ru(IndexData 信息)/210/full, inio, mgub, mgum(Latin1)

Moskow Library Network(莫斯科图书馆网)

www.gpntb.ru/9999/katd(RUSMARC)

RUSLANet(联合目录:位于圣彼得堡)

opac.ruslan.ru/210/spstu(圣彼得堡国立技术大学), etu(圣彼得堡国立电气技术大学)(Latin1)

(2006-03-23)

[update 2009-12-21]发现 RUSLANet 少了网址,补充信息时,找到俄罗斯 Z39.50 服务器网址 Российские Z39.50 серверы(http://z3950.ruslan.ru/stat/)。数据是从 IndexData 自动取来的,最近一次更新是 03/04/2008,至少可以省掉在 IndexData 中筛选国家这个步骤了。只可惜在这个表中 RUSLANet 是要密码的。

Z39.50 相关信息链接

权威网站

Z39.50 标准维护机构(Z39.50 Maintenance Agency Page)

http://www.loc.gov/z3950/agency/

应用链接

Z39.50 应用问题与项目(Z39.50 Application Issues)

http://www.collectionscanada.ca/resource/vcuc/z3950ap.htm

［加拿大图书馆未与档案馆合并前的网页,已有很久未更新了］

服务器名录

WebClarity"Z39.50 服务器名录"(Z39.50 Target Directory)

http://www.webclarity.info/registry

IndexData"Z39.50 服务器名录"(The Z39.50 Target Directory)

http://www.indexdata.dk/targettest/

软件

Z39.50 标准网站上的 Z39.50 软件一览(Z39.50 Software)

http://www.loc.gov/z3950/agency/resources/software.html

各客户端软件对不同字符集适应情况不同,应根据服务器所用字符集选择

目前功能比较全的编目软件(或图书馆集成系统的编目模块)都有 Z39.50 客户端功能,可以通过设置服务器的网址、端口及数据库名称等信息,套录各种来源的书目记录。另外,还有独立的客户端软件。国内举例如下:

● 丹诚:zTrans Z39.50 客户端程序

广东省文献编目中心下载网址:http://bmzx.zslib.com.cn/download/Ztrans.zip

● CALIS Z39.50 编目客户端(http://www.calis.edu.cn/CALIS/lhml/client/frame.htm)

● ILAS:UACN-UC

全国图书馆联合编目中心下载网址: http://olcc.nlc.gov.cn/download-rjxz.html

● 明智:Z39.50 客户端软件［2009-12-21:现已不提供此软件］

● 蓝博图:图书数据网络查询系统 Z39FindBook(下载 http://www.libtool.com.cn/z39findbook.htm)

(2006-04-07)

社科院联合目录全 MARC 数据免费下载 及 dp2catalog 查询软件

《数字图书馆论坛》2009 年第 7 期末整版广告:全国社会科学院联合编目

中心提供 MARC 数据免费下载。试了一下,是全 MARC 数据的 Z39.50 下载。记得以前社科院西文也用的 CNMARC,这次试查结果看,目前也用 MARC21。

在国内,提供 Z39.50 匿名访问的书目数据库已属罕见,带分类主题的全 MARC 数据更是凤毛麟角,还要在杂志上做广告? 显然是系统开发者数字平台(北京)软件公司的广告了,二位开发者是江汇泉和谢涛。该公司还提供免费的 Z39.50 前端软件,对此等好事,很乐意在此推广。

下载方式:通过 Z39.50 协议,提供 100 多万种 MARC 数据下载

Z39.50 服务器特征:

- 支持 Unicode 字符集;
- 支持 UNIMARC/USMARC/DC 元数据等多种数据格式;
- 支持 Z39.50、Web Service 等多种协议。

Z39.50 服务器参数:

- 服务器地址:ssucs.org;
- 端口号:210;
- 字符集:UTF-8;
- 数据库:all, cnmarc_books, cnmarc_series, usmarc_books。

免费的 Z39.50 前端:数字平台公司出品的 dp2catalog。

下载地址:http://www.dp2003.com/dp2catalog/publish.htm。

很多年前在网上找到还是丹诚公司的免费 Z39.50 前端软件 zTrans,一直用到现在,很顺手不想换。一开始不会用,还发电邮向谢涛先生请教过。三年前,江汇泉先生曾向我推荐 dp2catalog,仍然是免费的,当时家中电脑还是 Win98 的,安装不了,正好又换了工作方向,就搁下了。去年江先生曾发给我 dp2catalog 使用手册,说明支持 MODS、MARCXML 等 XML 格式的元数据,说可以用美国国会图书馆目录检索试验,只是自己近年离编目越来越远,没有花时间钻研。

今天安装了 dp2catalog,在线安装速度还是很快的(安装网页说明文字竟然 E 文)。因为用惯 zTrans,所以很适应 dp2catalog,不过仍没有试验 XML 格式的。

存在的问题是,社科院服务器的地址竟然错误,用的是旧 IP 吧,需要根据上述参数更改。另外缺省配置了很多 Z39.50 服务器,遗憾的是由于前述国内现状,检索有结果的很少。

由于支持几十种不同的字符集,新增服务器信息时,一定要提供字符

集——很多时候使用者是不知道的,设置时就很困惑了,不像 zTrans 那么傻瓜。最好提供一个最常见的字符集为缺省设置,如果没有检索结果或检索结果为乱码,自然会想到是字符集问题,此时再更改不迟。

(2009-09-01)

我国非通用语种图书编目现状
(及小语种 Z39.50 服务器信息)

上周去上海外国语大学参加"全国外语院校图书馆联盟非通用语种图书编目研讨会"。拿到会议资料,就有通讯录,而且每个参会者的名牌都放在桌上,很便于大家互相认识。下午会后不久,上午会议的简报就发到了每个人的手上,工作特别高效。

与会者都对小语种联合编目充满期待,也可以说迫不及待。因为如果每种书都要原编,哪怕是简编,要完成恐怕遥遥无期。CALIS 将与联盟合作,尽早启动项目,也已经为此做了不少准备。会上得到的其他信息:

● CALIS 喻爽爽介绍几家国家级机构小语种编目现状:

国图俄文卡片回溯外包 63 万册,日文从 NII 转换为 MARC21 约 100 万册;

社科院部分购买国图数据,日文 12 万 CNMARC,俄文 8 万 MARC21;

中科院未启动;

CALIS 日文近 20 万 CNMARC,俄文 6 万多 MARC21。

CALIS 的优势在于与外国联合编目机构合作,有庞大的数据源:2000 年启动的日文编目,有日本 NII 数据,通过软件从 JapanMARC 转换为 CNMARC;与韩国 KERIS 的对接在今年 11 月完成,可以套录到 MARC21 格式的 500 万条数据;与 OCLC 交换数据的谈判进行中。

作为与对方的协议,都需要通过 CALIS 联编中心的服务器,才能进行数据套录。

三期启动后,所有下载都将是免费的。

● 北京外国语大学谢涵介绍他们馆的小语种编目情况,展示了 33 个语种的 MARC 记录样例,很强大。有 2709 格式文件。

● 广东外语外贸大学蔡敏介绍了她测试通过的一些小语种 Z39. 50 服务器。

以前自己介绍过一些小语种的 Z39. 50 服务器,基本不属于"非通用语种",特意问蔡敏要来"非通用语种"Z39. 50 服务器信息列于下。

格式:网址/端口/数据库名(字符集)

意大利:

　　意大利国家联合目录:opac. sbn. it/3950/nopac(utf-8)

希腊:

　　克里特大学图书馆目录:nautilus. lib. uoc. gr/9990/uoc01(utf-8)

瑞士:

　　苏黎世大学图书馆目录:biblio. unizh. ch/9909/uzh01

　　日内瓦联合国图书馆目录:librarycat. unog. ch/7090/Voyager(utf-8)

葡萄牙:

　　庞利马市图书馆目录:www. biblioteca. cm-pontedelima. pt/210/innopac(utf-8)

韩国:

　　韩国国会图书馆:www. nanet. go. kr 2100 MONO(korean)

西班牙:

　　马德里卡洛斯三世大学图书馆目录:biblioteca. uc3m. es 2200 unicorn unicode(utf-8)

阿拉伯语:

　　以色列数字信息服务中心:libnet. ac. il 9991 ULI02 unicode(utf-8)

　　科罗拉多研究图书馆联盟:192. 54. 81. 3 210 ara unicode(utf-8)

　　埃及穆巴拉克公共图书馆目录:catalog. mpl. org. eg 2200 unicorn unicode(utf-8)

　　其他参见:Z39. 50 相关信息链接

　　注:

　　NII(http://www. nii. ac. jp),可视为日本的 CALIS。

　　KERIS(http://www. keris. or. kr/),可视为韩国的 CALIS,发展过程也类似,介绍见维基百科。

(2009-12-08)

后　记

2004 年 10 月开设博客的时候正在做编目员,起名时印象中曾见过一个名为"编目精灵"的软件,就拿来当了博客名,但后来那印象中的软件却是遍寻不着。由于开博是一时兴起,并无足够思想准备,因而开始很担心无可持续性,所以有时遇到一天有多个可写主题时,会写好博文或拟好内容放着,留着隔三差五匀着发。那时还特别在意访问量,因而首页只发摘要,要点击才能看全文。

渐渐地,写博成为习惯。虽然行文越来越像是对人说话而不是自言自语,但实际上是把博客当成了笔记本,有内容就写,哪怕一天多篇,不会在意接下来可能有一周没东西可发。与此同时,对访问量的关注也让位于对读者体验的关心,因为在 RSS 阅读器中,最不喜欢看只提供摘要的博客,所以自己博客也提供全文 RSS 输出,首页自然也提供全文。

开博之初只是想向同行介绍编目及搜索相关信息,后来随着工作的变换,也涉及数字图书馆及信息技术在图书馆应用等领域,但仍较多地关注编目领域。博客开设五年多来,一直勉力追踪国际编目界的最新动态。近年来,从本人参加的学术会议及其他场合,常感受到"编目精灵"博客的影响,可以说博客比本人更为图书馆界所了解。

自 2006 年起,陆续有期刊转载"编目精灵"的博文,还有不少学位论文和期刊论文引用其中的博文,自己将之视为学界的认可。2009 年 12 月初应邀参加全国外语院校图书馆联盟非通用语种编目会议,发现前些年博文中总结的一些资料,仍得到编目界同仁的推崇。联想到有时用搜索引擎查资料,会搜出自己早年所写、已然淡忘的博文,如果能将博文精选后汇集成册,或更便于翻阅备查,因而萌发了结集出版的念头。

此想法得到国家图书馆出版社的支持,于是从近 800 篇博客文章中,选择了与编目相关的 100 篇博文。希望能够较全面地反映 21 世纪前十年国内外编目领域的状况,以及本人对编目相关问题的认识与思考。互联网发展迅速,网站也变化无常,其中涉及的一些网站现在可能已经不复存在,作为一个时期的历史资料,仍依从原文,未一一注明。

胡小菁

2010 年 1 月